幸せになる100か条

江原啓之
Ehara Hiroyuki

徳間書店

まえがき

あなたがこの本を手に取ったとき。それは未来のあなたが、本当の幸せへの扉を開かせた瞬間なのです。私は誰が何を言おうと、幸せになるためには守るべき約束があるということをお伝えします。

スピリチュアリスト30周年を迎えた私が、これまで多くの人の悩みや苦しみと向き合ってきたからこそ確信する真実です。しかし多くの人が、その真実に気づかず、幸せになれないことを闇雲《やみくも》に嘆くのです。幸せになるためには約束があるのに……。

しかし、それが今、あなたのもとに届けられたのです。

「魔が差す」という言葉がありますが、この「魔」とは、あなたの人生の幸せを邪魔する「魔物」がいるという意味ではありません。「魔」＝「間」であると、私は多くの相談者を視てきて知りました。この「間」とは、あなたを見守る「たましいの親」と言える天界からの導きを遮る「間」＝「幸せになるための約束を無視してきたこと」です。

守護霊のいない人など存在しません。なぜなら守護霊は、「たましいの親」と呼べる存在だからです。曇りの日に太陽がいないということはないように、いつも天界からの導きはあります。

ただ、幸せになるための約束を伝える導きからあなたが「手を振り払って」しまい、天界の導きに曇りという「間」をつくり出して、太陽の光を遠ざけていたのです。

天界はあなたが幸せになるように、いつも「幸せになるための約束」を伝えようとしています。それは、あなたには幸せになる権利があるからです。そのためには幸せになるための約束を守り、実践する義務も果たさなければなりません。

私は天界に成り代わり「幸せの約束」を100か条にまとめ、本書にてお伝えいたします。この100か条を実践すれば、あなたの人生は必ずや幸福となるはずです。

しかし、大切なことは本当に実践すること。

『笑ゥせぇるすまん』という漫画がありますが、主人公の喪黒福造《もぐろふくぞう》がアニメの中で名言を語っています。「うぬぼれ鏡というように、鏡は決して真実を映しません。なぜなら人は自分の好きな角度でしか鏡を見ようとしないからです」と。

決して自分自身の都合のよいことだけの実践ではいけません。耳触りのよいことだけではなく、耳に痛いこともしっかりとあなたの人生と向き合って、実践してください。

私は必ずあなたが幸せになると信じ、本書の最後に「成就」の「言霊《ことたま》」を記しておきました。必ず幸せを成就できますように、いつもお祈りいたしております。

さあ、用意はできましたか？　それではこれより幸せの扉を開いてください。

江原啓之

幸せになる100か条——目次

装幀・本文デザイン／重原　隆

幸せになる100か条

1

真実に目覚める

神社をはじめ、聖地を訪れる目的は、見守っていただいていることに対する感謝を伝えるため。そして、自分の心を見つめる時間を持つためです。ところが、中には「お賽銭《さいせん》を1万円に弾みますので」などと、神様と駆け引きをする人もいるようです。清らかな人が駆け引きをするでしょうか？

そもそも、神様と直接的に会話を交わすことなどできません。ですから「こんなふうに神様に話しかけてみると運気がアップします」などとするのは、「似非《えせ》スピリチュアル」。「お金を洗ったら貯まる」「あそこの石をもらってきたらいい」といった話もよく耳にします。けれど、もしそれで人生が変わったら不公平ではないでしょうか？　人は不公平と嘆きながら、自ら不公平をつくっています。タナボタ式のご利益を吹聴する「似非スピリチュアル」に走る人は、不公平を実践しているのです。

真の世界に不公平、不条理はありません。努力をすれば必ず報われる。だから人生は素晴らしいのです。姑息《こそく》が不幸をつくっています。姑息な生き方はやめましょう。

あなたの神様はその程度のものですか？　私が知る神の世界は公明正大。

植物と同じように、私は太陽のほうへ伸びます。あなたは日陰に向かって伸びていくのですか？

2

言霊《ことたま》を大切にする

口を開けば不平や不満、人の批判や悪口ばかり。こうした人が幸せになることはありません。インターネットなどで無責任な誹謗中傷《ひぼうちゅうしょう》を書き込む人も目立ちますが、バッシングをして憂さを晴らしているつもりでいるとしたら大間違いです。

陰陽師《おんみょうじ》が人を呪い殺すときに、墓穴を二つ用意していたというのは有名な話。自分の行いは、ブーメランのように自分のところへ戻ってくるという意味の「因果の法則*」を理解していたのでしょう。日本には昔から「罰当たり」という言葉もあります。

言葉にはエネルギーがあるのです。

たとえば「いってらっしゃい」には相手を守るパワーが、「おかえりなさい」には相手を癒すパワーがあります。逆にネガティブな言葉を発すれば、相手を傷つけるだけでなく、自分の波長を低めることにつながります。「どうでもいい」といった投げやりな言葉が口癖だという人も用心が必要です。

言葉はあなたの思いの表れ。発する言葉が今のあなた自身を如実に表しているのです。その言葉はいずれ行動となります。そして、その行動すべてが自分自身に返ってくるのです。幸せとなって返ってくるのか、それとも不幸となって返ってくるのか。

言葉は人を不幸にもすれば、幸せへと導いてもくれるのです。

＊P212の「因果の法則」を参照。

3

運命を自分の力で切り拓《ひら》く

占いの多くは物質主義的価値観。現世で楽して安易に幸せになろうとする、不毛の実践です。なぜなら人生には、必要以上によいことも悪いことも起こらないからです。

「宿命」と「運命」を混同する人がいますが、まるで違います。

「宿命」とは、自らの課題であり、素材。生まれた時代や場所、性別や家族など、自分では変えることのできないものです。「運命」とは、自らが切り拓いていくもの。自分という素材を受け入れ、料理することなのです。

「あなたはあなたのままでいい」「ありのままで生きる」などという言葉を耳にしますが、それでは素材のままで、料理することにはなりません。

たとえ宿命という素材に恵まれなくても、素晴らしい料理にすることはできるのです。アニメ映画『この世界の片隅に』で主人公のすずは、戦時中の食糧難の中でも生活を豊かなものにしようと、限られた素材を使って楽しんで料理しています。

「どうしてこの国に生まれたのか」「なぜこの家に生まれたのか」と嘆いていてもしかたがありません。あなたは、自分という素材をよりよく料理するために生まれてきたのです。

4

守護霊に可愛がられる生き方をする

「守護霊に可愛がられたい」。そう思うなら、正々堂々と生きてください。

自分に起こることはすべて映し鏡。すべては自分の課題だと素直に受け止め、真摯に自分自身の未熟さを反省しましょう。そして「変わります！」と決意し、前向きに歩みを進めること。それが一番可愛がられるのです。

自分を棚上げして、おまじないや占い、魔法を信じて幸せを望むのは姑息。パワースポットを訪れる際にも、「頑張ります！」と宣言することです。

過去15年のカウンセリングで私が確信を持って言えるのは、幸せになった人は全員前向きで素直。自分が悪かったことは認めて、決して人のせいにしない。たとえ離婚しようが、仕事で失敗しようが、どんなふうに転んでも前向きに立ち上がった人が幸せになっています。

それは、人生という旅のカリキュラムをきちんと履修する人。そういう人に奇跡は起こるのです。常に明るく、前向きで、どんなことも受け入れ、旅の主人公となっている人には、転んでもまた道が拓けます。

守護霊に可愛がられる人は、周囲から可愛がられる人でもあるのです。

5

幸せの種をまく

「情けは人のためならず」と言いますが、情けは相手のためだけではなく、自分自身のためでもあります。直接相手から還ってこなくても、その姿や心の姿勢はわかる人からは評価され、自分自身が大変なときに、必ず手を差し伸べられるのです。

「波長の法則」[*1]から言っても、同じように愛に満ちた人がサポートしてくれます。ですから、他者を幸せにすれば、自らに幸せが還ってくるのです。何事も原因があって結果があるという「因縁果《いんねんか》の法則」は、確実に働きます。

とはいえ、助けた相手から酷《むご》い仕打ちを受けることもあるでしょう。けれども、それを放念しましょう。

大切なのは、自分自身の心に打算、つまり自己中心的な「小我《しょうが》」[*2]はなかったのかということ。そして、本当に助けるべき相手だったのかということです。自分の心の姿勢が正しかったならば、放念すればいいのです。相手を裁く必要もありません。

その人には「因縁果」が巡ります。あなた自身にも「因縁果」として、どこからか幸せが還ってくるのです。

徳の預金と言いますが、「徳」は奪われたり、消えたりすることはありません。その徳が人徳として、あなたに必ず還ってきて、幸せとなるのです。

＊1　P212の「波長の法則」を参照。
＊2　自分を中心とした利己的・物質的な考え方。

6

無駄な経験はないととらえる

人生は千差万別。人生に勝ち負けはありません。もし勝ちがあるならば、多くの経験と感動を得た人。たましいの実体は、この世の価値観とはまるで違うのです。

人生では躓《つまず》くこともありますが、すべてはカリキュラム。経験と感動です。そのままでいるからいけないのです。「負けるが勝ち」という言葉があるように、乗り越えれば、必ずその後には成就が待っています。

「国破れて山河あり」。躓くことで、本当の生き方、足りないところ、長けたところなど、自分の大切な宝に気づきます。何かを失えば、何かを得られるのです。

成功から学ぶことより、失敗から学ぶことのほうが多いのもまた事実。傲慢だったと反省し、謙虚さを覚え、人の心の痛みを知り、そうして人はたましいを磨いていくのです。私たちは、喜怒哀楽という感動を得るために生まれてきました。どんな経験にも意味がある。無駄な経験など一つもないのです。

人生での躓きがもとで成功を果たした人も、たくさんいます。

失敗を恐れてはいけません。たとえ転んでも、タダでは起きない。「饅頭《まんじゅう》を摑《つか》んで立ち上がるぞ！」という気力があれば、不運を幸運に替えることができるのです。

7

人生は旅と知り、自分の幸せの定義を考える

人生は旅。私たちはたましいの存在であり、自らの課題を持って現世での旅にきました。そして、現世でたましいを成長させるという学びを得て、霊的世界へ帰ります。人生の名所とは経験と感動。感動とは喜怒哀楽です。人は喜怒哀楽がなければ、成長しません。それは、一般的観点から言っても至極当たり前のことです。

私たちはただ安易に、毎日を何となく幸せに過ごしたいと思っています。それではたましいが成長することはなく、幸せを実感することもできないでしょう。

幸せの定義とは何か。万人に共通して言えるのは、喜怒哀楽を能動的にとらえることです。受動的でいるから、何か起こるたびにハラハラしたり、ドキドキしたりするのです。もっとも幸せとは、喜・楽だけではありません。怒・哀も含めて人生の幸せ。このことを理解していれば、怒りや哀《かな》しみに振り回されることはありません。

人生とは、泥の中で咲く蓮の花のようなもの。泥は一見汚いけれど、栄養があります。その栄養をもとに美しい花を咲かせるのです。たとえどのような境遇、環境、立場であろうとも、あなたは幸せになれます。

時間を大切にしましょう。無駄なことに心を向けず、旅を充実させるのです。

8

自分という素材を知る

『世界に一つだけの花』を歌い、賛辞しながらも、人と比べるのはなぜでしょう。若い人の中には、アイドルや俳優を夢見る人もいます。しかし、誰もがなれるわけではありません。なぜなら、人によって素材が異なるからです。たとえば、大根と蓮根。どんなにもがいても大根は蓮根になれないし、蓮根も大根にはなれませんが、それぞれの素材が引き立つ料理法があるのです。

夢には2種類あります。漠然と思い描く夢と、計画に基づいた夢。後者は自分の素材を知ったうえで料理して、その先にある夢のこと。あなたの夢が叶わないのは自分の素材をわかっていないから。そこで一番問題となるのが、物質主義的価値観です。

柳の木を思い浮かべてみてください。柳の木は川辺にあるのが美しいのです。一方、高山植物は同じ川辺に持ってきたら枯れてしまうでしょう。高山植物は言わば、アイドルや俳優。それぞれにふさわしい場所があります。けれども、多くの人は物質主義的価値観で柳の木よりも高山植物に惹かれがちです。

私たちにとって大事なのは、自分に一番ふさわしいフィールドを愛することです。自分の素材を知れば、あなたの夢は叶います。素材を知りましょう。あなたが今、花が咲いていないと思うのは、自分の素材をきちんと見ていないからです。

9

幸せの数を数えて生きる

人生は旅であり、名所は経験と感動。ですから、実は不幸はないのです。

占いなどで「運がいい、悪い」などと言いますが、それもありません。あるのは前へ進む時期と、自分を見つめ直す時期だけなのです。

飲食店には、仕込みをする準備中と営業中の時間帯があります。人生も同様に準備と営業の繰り返し。仕込みというインターバルがあることを理解すればいいのです。

人生を常にフル回転にしていたら気持ちの切り替えができず、ミスが起こるのは当然。そのことを理解しないで、何か起こるたびに不平や不満、愚痴を言う人がいます。文句ったれは幸せになれません。人生に準備中と営業中があることをわかっていれば、仕込みのときは「今は見つめ直す時期」ととらえて、幸せの数を数えられるのです。

そもそも神の摂理として、自分に不必要なことは一切起こりません。つまり、不幸と思えることには、自分に対する指摘、指導があるということ。そう思って過ごしていれば、常に見守られ、導かれ、幸せであるということがわかるはずです。

あなたは今まで聞く耳、見る目を持っていなかっただけなのです。そのことを知れば、幸せの数を数えて、いつも幸せでいられます。

10

微笑みを忘れない

笑う門には福来る。それは、類は友を呼ぶという「波長の法則」。あなたの人間関係をつくっているのはあなた自身なのです。

いつも不満そうな顔をしている人には、不満そうな人しか寄ってきません。同時に、周りの人たちまで不愉快な気分にしてしまいます。

そして、不愉快な顔をしている人は「私をわかって」と自分で言っていることと同じだと理解しましょう。そういう人を見て、あなたはどう思いますか？ そのような依存心がある人は、面倒な人と思われるのがほとんどでしょう。自己中心的な「小我」なのです。

一方、笑顔は他者に対する思いやりを優先する「大我《たいが》」*の表れです。笑顔に触れれば、小我な人も、明るいエナジーによって態度が軟化することでしょう。

たとえ誰かに意地悪をされても、傷つけられたと憤ったり、仕返しをすることが強さなのではありません。明るさこそが、真の強さなのです。

笑顔は厄払いにも通じます。苦しいときもみじめなときも、ユーモアにして笑い飛ばしてしまいましょう。

＊　常に客観的な視点に立ち、相手のことを想う利他愛の精神。

11

自分の命の時間を守る

人生は有限です。旅なのですから、一分一秒も粗末にできません。常に自分が人生のタイムキーパーにならないといけないのです。

多くの人が時間を無駄遣いしています。人間関係で悩み、いつまでも愚痴を言ったりするのは、悩みの原因である相手に自分の命の時間を分け与えていることなのです。かといって、友人が苦しんでいるときに話を聞く必要がないというわけではありません。「今、心情を吐露しているのを聞くべきだ」と思えば、聞く。その取捨選択をするのです。何事においても、命の時間を削ぎ落としているという自覚を持つこと。そうすればメリハリができて、時間だけではなく、無駄な人間関係もなくなります。すぐに批判したがる人もいますが、改善を求められないことについてあれこれ言うのも時間の無駄です。

灯台下《もと》暗し。自分の時間に対して、自ら律すること。自律することが大事です。無駄なことに時間を費やすのは、自分のたましいの時間を粗末にしていることと同じ。つまり、あなたを大切にしていないということなのです。

自分の命を尊重し、正しく自己中心的になること。なぜならば、あなたの命の時間はあなたにしか守れないのです。

12

「思い御霊《みたま》」を言霊に乗せて伝える

世の中で一番面倒くさいと思われるのは、ただ泣いている人。そういう人は周囲を困惑させるだけなのです。「嬉しくて泣いちゃいました」「自分ってダメだな、と思って涙が出ちゃいました」など、泣いている理由を言葉で伝えなくてはいけません。

今の時代、言葉にすることをせず、「思い御霊」だけで生きている人が少なくありません。思い御霊とは「思い」のこと。そういう人は基本的に依存心が強いのです。後から説明したり、「わかってもらえるはず」と思うのはただの自己中心的な人。

言葉の足りない人は、人間関係が上手くいかなくなってしまいます。

「キレる」のも、言葉にできないからキレるのです。泣くか騒ぐか、笑うことでしか表現できないのは赤ちゃんと一緒。そういう人は山の中へでも行くしかありません。

特別な学びのある人以外、神様は何のために私たちに声と言葉を与えたのですか?ここは現世です。言葉じゃないとわからないのです。人間関係をよくし、明るく、前向きに人生を拓きたいなら、言葉を大切にしてください。人と関わって生きるならば、言葉で自己表現をすることです。

人と関わり下手な人が増えているのは、言葉を使わなくなったから。言葉でのコミュニケーションが足りないのです。

13

話し方に気をつける

話し上手は聞き上手。多くの人は、自分の話を聞いてもらいたいのです。話を聞いてくれる人に悪い印象を抱くことはありません。どうやって話せばいいのかわからない人は、とにかく聞き上手になること。聞き役に回ることで、会話はいろいろと膨らみ、円滑に進むものなのです。

自分から話したいことがある場合も同様に、会話をする前から聞き上手になることです。相手が今、自分の話を聞きたいか、聞きたくないかということを常に考える、「心の聞き上手」になるのです。そのうえで、100％話す側に立たないこと。「どう思う？」と意見を請い、「それもそうだ」「一理ある」と同調し、話に巻き込んでいくのです。

「自分を理解してほしい」という思いで話す人がいますが、まずは相手を理解すること。会話が一方通行になるのは、相手を理解していないからなのです。

そもそも、自分を受け止めてもらうということ自体が依存心。会話においては、ただ伝えるべきことを伝えればいいだけ。もし伝わらなかった場合でも、それ以上深追いする必要はありません。

14

責任主体で生きる

かつて個人カウンセリングを行っていたときに（現在は休止）、頻繁に耳にする言葉がありました。それは「でも」と「だって」です。アドバイスをしても、「でも、あの人が」とか「だって、あの人が」などと切り返し、自分が不幸なのは人のせいだと言わんばかり。私はそういう人を数多く見てきました。

「でも、あの人が」と言いますが、その人とは「波長の法則」によって引き寄せ合ったのです。たとえば騙す人と騙される人は、「欲」によって結びついたと言えるでしょう。しかも付き合うと決めたのは、ほかならぬ自分です。

ここで自らを省みることのできる人は、責任主体の人。「自分も悪かった」ととらえることができます。

けれど自分は100％被害者だと思い込んでいる人は救われません。第一、学びを得なければ、何のための苦難なのか？　という話になってしまいます。どんな問題も他者のせいにしている限り解決しません。

すべては映し鏡。漫画『笑ゥせぇるすまん』の喪黒福造もアニメの中でこう言っています。「うぬぼれ鏡というように、鏡は決して真実を映しません。なぜなら人は自分の好きな角度でしか鏡を見ようとしないからです」

15

人の幸せを願う

周囲の人が幸せそうにしているのを見て羨ましいと思うことは、誰にでもあります。けれど「羨ましい」が「妬《ねた》ましい」に変わったら要注意。妬み、嫉《そね》み、僻《ひが》みという三大悪心は、驚く速さで膨れ上がり、人の心を支配しようと猛威を振るいます。そうなったら居ても立ってもいられず、幸せそうにしている人の悪口を吹聴するなど、幸せの妨害をしてしまいかねません。

優秀なヒーラーであるモーリス・H・テスターは、妬み、嫉み、僻みというものは心や肉体を病み、いいことは何もないと言っています。

また、人の幸せを妬んで悪口を言ったりするのは、人間としての品性を疑われること。自ら品性を下げる必要はありません。

知り合う人とは、お互いの波長で引き寄せ合った映し鏡の関係。身近な人が幸せになることは、「波長の法則」で自分自身にも幸せが近づいていることなのです。そのことを知って感謝すれば、自然と周囲の人の幸せを願うことができるはず。

人というのは、鏡で反射し合う光と一緒。人が光を放てばその光は反射し合います。幸せで幸せを返していくと、みなが大きな光の世界に入っていくことができるのです。

16

真《しん》・善《ぜん》・美《び》に触れる

日々の生活では言葉（言霊）を大切にするのはもちろんのこと、嗜好にも気をつけなくてはいけません。

なぜならば、嗜好は自らを映し出すからです。フィジカルな面においては、辛いものがわかりやすいでしょう。辛いものを食べると脳が痛みを感じ、快楽物質であるドーパミンやエンドルフィンが出ると言われています。ストレスフルな現代人が辛味に惹かれるのは、快楽を求める、一種の現実逃避だとも考えることができるのです。

たとえば荒々しい映画や音楽などに惹かれるのは、自分の心の中にある荒れた部分の映し出し。日頃から、映画や本、音楽、絵画などを通して「真・善・美」に触れることが大切なのです。

「真」とは何が正しきことなのか、「善」とは何がよきことなのか、「美」とは何が美しきことなのかを表します。「真・善・美」とは神のエナジー。

美しいものを見ると、なぜ涙が出るのでしょう。動物の親子が戯《たわむ》れる姿に感動するのはどうしてでしょう。それは、あなたが神である証《あかし》。あなたの中の神が引き出されるのです。日常を繊細な高い波動にしたければ、あなたの中の神を引き出しましょう。そうすることで、人間関係のトラブルなど、さまざまな事柄が好転します。

17

「今日が未来を創る」と思って生きる

スピリチュアリズムの視点から言えば、現世の二大法則は「因果の法則」と「波長の法則」。現世とは、この二つをくっきりと浮き立たせるところなのです。

人生では、必要以上のよいことも悪いことも起こりません。ですから「こうなったらどうしよう」と心配するのは時間の無駄。「因果の法則」に則《のっと》って言えば、心配ならば幸せの種をまいておく。そうすれば必ず返ってきます。

悪いことが起こるとするならば、自分が悪い種をまいたときだけ。取り越し苦労は愚の骨頂です。

かといって、闇雲にポジティブに生きろというのではありません。ポジティブを「明るく前向き」とだけとらえていたら、それは間違い。「明るく前向き」は体調であって、体力ではないのです。体力は、真のポジティブさを備えた人間力のことです。

「明るく前向き」なだけの人は靴ひもがほどけていたら、そのまま歩みを続けてしまいます。靴ひもを結び直して再び歩み始めるのが、真にポジティブな人です。

まず体力を整えて、アップさせること。それが靴ひもを結び直すことです。内観して、自分に足りないところを補うのです。そのうえで「明るく前向き」という今日の体調に注意して生きていく。そうすれば、安心して暮らすことができるのです。

18

柔軟性を備える

「清濁併《せいだくあわ》せ呑《の》む」という言葉があります。それができる人かどうかで、たましいの成熟度がはかれます。では、たましいの成熟度とは何か。それは、大我の度合いです。「嘘は嫌だから真実を語りたい」と言う人がいますが、それは言い訳。自分自身で抱えていたくないだけなのです。

「嘘も方便」という言葉があります。なぜ「方便」があるのでしょう？　それは、嘘をつくのが大我な視点によるものであれば、「嘘も方便」になるから。その真実は「言わなくてもいいこと」なのです。

なぜなら、神の摂理によって、真実はいつかその人にとって一番よい形でわかるようになっているからです。

過去のカウンセリングで、余命を宣告されていたある相談者が「生きたいので頑張ります」と言ったとき、私は「無理ですよ」とは告げませんでした。「そうですね、お祈りしております」と伝えたのです。それはある意味においては嘘ですが、今そう思いたいという人の気持ちに水を差す必要もないと思ってのことでした。

たましいの未熟な人は、「自分は悪い人になりたくない」と考えます。言わぬが花。愛のためなら、「自分が罪を背負ってもいい」というくらいの覚悟も必要なのです。

19

清濁併せ呑んで生きる

自分はいつも損をしていると感じている人がいます。「謙虚に生きなさい、大我な心で人に接しなさい」と説くスピリチュアリズムを実践しても報われないのでは？という疑問を抱く人もいるようです。

正しきことがまかり通らないのはなぜか？　なぜ狡《ずる》い人が得をするのか？　それは現世だからです。私たちが物質主義的価値観に塗《まみ》れた現世に生まれたのは宿命。理不尽な現実と対峙し、心に折り合いをつけて乗り越えていくことが現代人に与えられた共通のテーマだと言えます。

「郷に入れば郷に従え」という言葉があります。この世は清いだけでは生きていけません。ときには心を鬼にすることも必要、野心や狡猾《こうかつ》さも必要、妥協することも必要。清濁併せ呑み、酸《す》いも甘いも理解することが大きな強みとなるのです。なぜならば、人に悪意を抱かせるのを回避させることもできるのですから。つまり「清濁併せ呑む」ことによって、いつも被害者でいることではなく、相手を加害者にさせない強い姿勢で生きられるのです。とはいえ、自分のたましいまで売り渡してしまっては、濁流に呑まれてしまいます。

バランスを保ちつつ、地に足を着けて生きるための強《したた》かな心を備えましょう。

20

人間関係は「腹六分」と考える

「人間関係に疲れた」と感じている人は、自律が苦手なのです。急激に距離を縮めたり、常に行動を共にすることを好む人も目立ちますが、他者との密な関係の根底に流れているのは共依存です。

そうした人は、そもそも友達の定義が間違っています。愚痴を言えば聞いてくれる、味方になって寄り添ってもくれるのが友達だととらえているのでしょう。だから思い通りの反応がなかったら「友達なのに……」と逆恨みし、その結果、疲弊してしまう。また、「この人といると得だから」などというのも、動機が不純です。

常に対等であることを心がけなくては、関係性がギクシャクするのは目に見えています。

昔から人間関係は「腹八分」と言いますが、私は「腹六分」でいいと考えています。基本は一人。困ったときに助けてくれる人などいないのが普通、と達観していることが大切です。ここまでを読んで、「そんな寂しいこと言わないで」と思う人は、「寂しい」ということ自体が依存心なのです。

距離があれば人はみないい人ですが、距離を近づければ嫌なところを見ます。それはお互い様。人間関係の達人と言われる人は、そのことを熟知しているのです。

21

人との関わりを愛《いと》おしむ

人生という旅において、人との関わりは旅先での出会いです。出会った人とは別れがあり、生涯を共にする人はいません。なぜなら、生まれてから死ぬまでずっと一緒にいることはないからです。にも関わらず、多くの人が人間関係に依存しがちです。人間関係は腹六分。物質主義的価値観で考えて、腹六分の塩梅《あんばい》が難しいと思う人がいるかもしれません。大切なのは、その人と共にどのような時間を過ごすのかということ。それが腹六分の付き合いというものです。

こう考えてみてください。あなたが関わっている人は、旅先で言えば、駅のプラットホームで出会った人かもしれないし、美術館で共に感動した仲間かもしれません。それを意識すれば、どんな人との出会いにも感謝を抱き、別れを受け入れることができるでしょう。日常も同様に、来る者拒まず、去る者追わず。旅の出会いがすべて縁で結ばれるとは限らないように、関わりのある10人全員と意気投合して好きになるとは限らないのです。

縁があるときには感謝して受け止める。縁がないときは、自分には縁がないと思い、相手の幸せを願い手を振る。それができることが幸せを得るための礎《いしずえ》です。人との関わりは永遠ではありません。だから愛おしいのです。

22

自分の痛点を知る

私たちはみな、宿命という課題を持っています。そして、未熟なたましいをより輝かせるために現世にやってきたのです。

課題を持っている以上、未熟ながらも、それぞれにテーマがあるはず。それは、今までの人生を振り返ればわかります。たましいには必ず癖があり、同じこと、もしくは同じ要素から出た問題で躓くからです。それが何かを知ることのできる人が幸せになれる人。わからなければ、永遠に人生の迷子になってしまいます。

テーマとは、前世からもつながるたましいの癖。ということは、今生《こんじょう》だけではなく、過去世でも続けて躓いてきた事柄です。だから今こそ、その躓きから脱するために生まれてきたとも言えるのです。

痛い思いをすれば懲りるはず。それなのに、同じ轍《てつ》を踏む人は痛点が鈍いのだと言うこともできます。常に自分を俯瞰《ふかん》することがポイントです。

たましいの視点で見れば、「自省しない人＝自分に対する愛のない人」。問題を克服するのは自分のためです。

与えられた命に感謝し、天に報いるよう自分に厳しく生きようと悔い改める。自分のことが大切ならできるはずです。

23

主人公として生きる

「依存症」はたましいの視点から見ると、愛の電池の欠如です。人は愛の電池で生きるものなのです。

たとえば、買い物依存症の人が欲しいのは、物ではなく愛です。自分に愛が足りないのです。人は愛が満たされないと、誤作動を起こします。

人生の主人公は、自分自身。自分が主人公だと認識し、「どう生きればいいのか」と一呼吸おいて考えなくてはいけません。自分を何となく取り繕って生きていると、張り子の虎のような人生になり、アルコールや買い物など、何かに依存するようになります。勇気を持ってそれに気づき、変えていくこと。つまり、自律が必要なのです。

摂食障害の場合、原因の多くは親との関係性です。依存症と同様に、愛の電池の欠如によって起こります。そして、自律が足りないのです。

親ではなく、自分で上手に自分の「お守《も》り」をすること。自分自身で愛の電池をチャージできるようになることです。他者から愛の電池をもらうと、満たされない思いで悩むこともあるでしょう。だからこそ、自分でチャージするのです。

人からの1%の愛がわからなければ、120%の愛でもわかりません。愛の電池のチャージ上手になってください。それが大人のたましいです。

24

愛の充電をする

「自分は愛されたことがない」と思う人は、実は薄情な人。なぜなら、1%の愛もわからないのは、愛に対して薄情だからです。何事もそうですが、世間では「ない」と言う人が気の毒な人だということになります。そうではなく、もらった愛に気づいていないほうにも原因があるということ。感謝がないのは、依存と同じです。

もしも「愛されたことがない」なら、どんなに些細なことでも、人からしてもらったことなどに喜び、感謝するでしょう。けれど、「愛されたことがない」と言う人に限って、人からしてもらうありがたさに気づいていない場合が結構多いのです。

自分のネガティブな異変に気づいたら、迷わず愛の充電をしてください。私がお勧めするのは「アルバム法」。両親に抱かれてお宮参りをしたときや友達と一緒にいるときの写真など、愛を受けて育ったことを実感できる写真を集めてアルバムをつくります。そのポジティブ・アルバムを宝物にして、元気の出ないときにそっと開くようにするのです。

与えることで愛はますます充電されていきます。大げさなことをする必要はありません。明るい笑顔を見せるだけ、元気な挨拶をするだけで周囲の人に愛を与えたことになります。愛の充電をすれば新しい力が湧いてくるはずです。

25

人からの指摘に耳を傾ける

人生の主人公は自分自身。それなのに、主人公ではない人が多いと私に思います。主人公は自律し、責任主体で生きなくてはいけないのです。人からの評価を気にしたり、人にこうしてほしいと依存したりするとき、あなたは人生の主人公ではありません。主人公にしているのは相手だと気づくべきです。

本当にその人のことを思うとき、人は辛口な批判をするもの。傷口をなめ合うのは簡単ですが、相手を諭すことには勇気が必要です。覚悟を持って自分の欠点を指摘してくれる人の貴重な意見に耳を傾けないのは、愚かなのです。

人から何か指摘されてカチンとくるのは図星だからです。常に自分が主人公であれば、不平不満は抱かないはず。主人公ならば、忠告には感謝するだけ。感謝することが主人公になっている証です。感謝しないのは、ただのわがまま。主人公ではないうえに、自分をわがままな奴隷にしてしまっているのです。

人間関係で抱く不平不満は、自分が主人公ではないということを映し出す大切なメッセージです。

あなたの人生の主人公はあなただけ。そのことを自覚すれば、人生は飛躍的に変わります。

26

守護霊の存在を意識する

守護霊とはたましいの親です。「守護霊に守ってほしい」と言う人がいますが、子どもに対して過干渉なのがよい親と言えるでしょうか。

肉の親と違い、たましいの親はあなたの向上しか願っていません。私たちは霊界の操り人形ではないのです。

そして、人生は旅。旅の中で私たちは喜怒哀楽を経験し、無知を知に変えながら成長します。守護霊はその旅を温かく見守るだけの存在です。

もう一歩守護霊に対する理解を深めれば、自分自身であるとも言えるのです。守護霊は、あなたのたましいの大本である叡智《えいち》を伴うあなた自身。あなたが自らの成長のために送り込んだ「分け御霊」なのです。そのような存在である守護霊が、たましいの実相を見ないで安易に助けたりするでしょうか。

見守られながらも、ときに守護霊によって軌道修正させられることはあります。それは、あなたに経験と感動の多い実りある旅をしてほしいからです。

守護霊はあなた自身である以上、あなたのすべてを知っています。愛ゆえに放任するのです。これは子育てでも人育てでも同じことです。守護霊から私たちは学ばなければいけません。

27

タイミングを待つ

物事を進めたくても、進まないときがあります。上手くいくときにはトントン拍子に進むもの。上手くいかないときには、「そう言えば」ということがあるものなのです。何か躓くこと、心に引っかかることがある場合は強引に進めてはいけません。そこにメッセージがあるからです。守護霊は差し出がましいことはしませんが、必ずシグナルは送ってくれます。それに気づけるかどうかは感性であり、経験と感動の数。

物事が上手くいかないときはごり押しするのではなく、そこで一呼吸おくこと。何事もそうですが、急《せ》かされる場合には何か理由があります。たとえば求婚されたとき。心に引っかかることがあれば時間をおく。すぐに返事を要求するのは、相手のことを本当には愛していません。ほかのことも同様に「今すぐ」ということはないのです。

物事が上手く進まないときは、わざと少し時間をとりましょう。このことを「フェイント法」と言います。そうすると、今まで見えなかったものが見えてきます。

人間関係では第一印象が大切ですが、人というものはどうしても欲目が働きます。ですから、霊能力者ですら、自分と身内のことは視ることができないのです。

人を信じるのも一呼吸おいて、行動を見てから。

大切なことほど時間をかけるのです。

28

真剣に生きる

人生では「波長の法則」と「因果の法則」が映し鏡のようにやってくるだけ。不平不満を言ったところで、その摂理は変わりません。

私たちはよく「魔が差す」と言いますが、「魔」は「間」でもあります。守護霊の光が届かないとしたら、厚い雲に覆われているから。その雲とは、私たちの不平不満などの想念。ですから明るく素直に、心を青空にすることが大切なのです。私たちは前世を含むたましいの集合体。グループ・ソウル*というたましいの故郷を持っています。

グループ・ソウルは脳のようなもの。脳が一部分しか使い切れていないように、私たちにも無限の可能性があります。「もうここまで」と決めてしまえば、それまでの人生。それをさらに鍛えるのです。

鍛えるには努力が必要。その努力を可能にするのが、グループ・ソウルとプラグをつなぐということです。グループ・ソウルには、たくさんの経験と感動があります。その叡智から新たな知恵を授かるのです。

向こうから手を差し伸べてくれることはありません。与えられるのを待つのではなく、自ら手を伸ばすのです。そのように真摯に生きましょう。

＊P213の「グループ・ソウルの法則」を参照。

29

ベストを尽くす

不安という感情は、自分に自信を持てないことから生じます。やってもいないことに自信を持ったら、それは妄想。やってもいないのに「できない」というのもまた妄想です。

自信を持つためには、ただひたすら努力をして、積み重ねて、ベストを尽くすしかないのです。

オペラ歌手でもある私はステージに立って歌う機会も多いのですが、緊張を解くための方法はただ一つ。「１２０％の努力をして発揮できるのが80％」と思って、本番に臨むのです。１００％の努力では、50％しか発揮できません。１２０％の努力をして臨めば、緊張することはないのです。

その努力に応じて、努力以上の力が出るときがあります。それが努力を認められて、グループ・ソウルとのプラグがつながった瞬間。

この奇跡に感謝することです。けれど、それまでの自分の積み重ねがなければ、奇跡は起こりません。

奇跡を呼び込むためには、その奇跡が降り立つ空港が必要です。

空港をつくってください。

30

因縁から学ぶ

これまでに幾度か「これは因縁でしょうか？」という相談を受けたことがありました。家は学校。学校に普通科、商業科などとあるように、その家には履修科目があります。人は、同じようなたましいの癖を持つ家に生まれてきます。家系的にこういう人が多いということを分析することで、自分がその科に入った意味を考えるのです。

一番悪いのは、因縁を被るといった認識。つまり、被害者意識で供養すればいいと思うことです。本当の供養とは、自分の態度で示すこと。

人生はすべて必然。私の両親が短命だったのも、因縁のあることでした。そのために私は大きな苦労をしました。けれども、そうした不条理と思える必要なカリキュラムとしての経験があったからこそ、人の役に立ちたいと考え、スピリチュアル・カウンセラーになったのです。そのような経験がなければ、人の苦しみなどわからず、理解できなかったでしょう。私には人の気持ちに寄り添える、経験と感動が必要だったのです。

あなたも同じ。すべてがカリキュラムの履修に必要で、人生での花を咲かせるための種。その種は花を咲かせることができます。それは因縁を断ち切ることにもつながるのです。その家系に生まれたという意味を理解し、因縁を昇華させましょう。

31

物質主義的価値観を改める

形あるものはいつか壊れる。物質的な幸せに、永遠に続くことはありません。命も地位も名誉も、不確かなものです。

しかし、決して誰からも奪われず、失わず、消えることのないものがあります。それは心の中の経験と感動です。だからこそ、物ではなく、心の豊かさなのです。心と物の主従関係においては、心を主にすること。物を主にすれば、常に失う恐怖がつきまといます。

とはいえ、現世は物質界です。飲んでも飲まれるな。上手にバランスをとりながら、生きること。主従関係を忘れないことです。

人との出会いも同様です。別れを恐れていてもしかたありません。たましいは永遠。思い出は消えないのです。常にその人と過ごす時間を良質なものにし、思い出を大切にしていくこと。そうすれば、どんな人もあなたの心の中で生き続けます。そして、いずれあの世で再会するのです。

たとえば、事故で身体に傷を負ったとしましょう。「だからもう生きられない」などと言うのは物質主義的価値観。心の喜びを主にしていれば、必ず新たなる光を見出すことができます。どんなときであっても、私たちは幸せを得られるのです。

32

依存心を捨てる

「自分は経済的に自立しているから人に依存していない」と思っている人がいるようですが、そうであるとは限りません。人に言われたことを必要以上に気にするのも、依存心によるもの。他者に対して負の感情を抱くのも、依存心の表れ。依存心の対極にあるのは自立ではなく、自分を律するという意味の「自律」なのです。

自分の人生の主人公は自分。他者に迷惑をかけてさえいなければ、人に何と言われようと、自分の心に素直に従えばよいのです。ところが人の意見に惑わされる人は、世間体という物質主義的価値観にどっぷりと漬かっているために、自分の価値観で己《おのれ》を見つめてみようという発想さえありません。

自分自身のことを把握していないのに、他者から批判されると過剰に反応し、「自分を理解してほしい」と切望する。挙げ句に、「なぜわかってくれないのか」と不安や不満、怒りや悲しみといった負の感情に逃げる。

これが依存心でなくて何でしょうか?

イエス・キリストは、「人は目の前の塵《ちり》は気になるが、心の中の梁は気にならない」と諭しています。私たちは常に自分の心を点検し、非があれば悔い改めなければいけないのです。幸せの鍵はいつも自分の心の中にあります。

33

天に試されていると意識する

「楽して得する」という甘い誘惑に弱い人がいます。「無料で人生相談に乗ります」という似非霊能力者の話に乗り、「除霊しなければいけない」と言われて、結局のところ、高い除霊代を請求されたなどというのもよくある話。タダより高いものはありません。この世においしい話はないのです。

私たちはさまざまな人や出来事と出会いますが、出会いには大我な心が引き寄せる「チャンス」と、小我な心が引き寄せる「お試し」があります。

人生をバスの旅にたとえれば、あなたのいる停留所に次々とやってくるバスが「出会い」。どの行き先のバスへ乗るかは自分次第ですが、バスに乗る前に、大我で決めた行き先なのか、小我で決めた行き先なのかを確認することが大切。どこまで乗って、どこで降りるのかも自分次第なのです。

どんなに先を急いでいても、「小我で決めた行き先へ向かうバスは見送ろう」と決めていなければ、覚悟のない残念な旅になってしまうでしょう。

あなたの出す答えで、あなたのたましいの成長度合いがはかれます。中間テストや期末テストのようなものが人生にもあるということなのです。

34

現実を受け入れる

誰の人生にも、ときに愕然としてしまうような出来事が起こります。勤めていた会社が倒産した、大病を患ってしまった、親が認知症になってしまった……。

そんなとき、「どうしてこんなことに」と悩み続ける人、「ああすればよかった」と後悔ばかりしている人や、「もしも奇跡が起こったら」などと妄想することに時間を費やしている人も、現実から逃げているだけ。もちろん現実逃避をしている限り、心の平安を取り戻すことはできないのです。

私たちには、乗り越えられない苦難は与えられていません。

極論を言うと、どんなに困難な出来事に見舞われても必ず活路を見出すことができるのです。ただし、そのためには物事を感情ではなく、理性でとらえる必要があります。具体的に言えば、速やかに現実を受け入れることです。

会社が倒産したといって、途方に暮れて過ごすのは時間の無駄。人生を立て直すためには、まず現実を受け入れ、冷静に考えたうえで、転職活動をしなくてはならないのです。

この世に哀れな人はいませんが、もしいるとしたら、それは現実を受け入れることのできない人のこと。私はそう思います。

35

自己憐憫《れんびん》に気づく

自分自身が腹を括らず、努力をせずして、いたずらに「不幸だ」と嘆き、自己憐憫に浸る人がいます。

人生の主人公は自分です。ですから、本当にあなたがしたいことならば、どのような状況であっても、策はあるはずなのです。

かつて私の携帯サイトに、「結婚したい人がいたのですが、親の介護のため諦めました。それが自分の運命なのだと思います」といった内容の書き込みがありました。一見すると、立派な人であるように感じられます。けれど、結婚したいならすればよいのではないでしょうか。

「でも親の介護が……」と思うなら、親の介護をすればよいのです。理想が叶わないからといって運命のせいにするのは、ただの自己憐憫です。

両方得たいならば、どちらも選択すればいいのです。その分負荷は強くなりますが、できないわけではありません。その分の努力をすれば、結婚も介護も両方得ることはできるのです。ただし、努力なくして両方得ることはできません。

主人公であるあなたが、腹を括って選択するのです。そうすれば、後悔することも自らを憐《あわ》れむこともないでしょう。

36

謙虚に生きる

人の言葉に一喜一憂するというのは誰にでもあることですが、褒められたと有頂天になるのも、批判されたと傷つくのも傲慢です。

私たちは所詮人間。未熟だからこそ、この世に生まれてきたのです。もとより完璧な人など一人もいません。「賢者は歴史に学び、愚者は経験に学ぶ」という言葉がありますが、人はみな愚者だからこそ、現世で悲喜こもごもの経験を積み、学びを深めなくてはいけないのです。このことが大前提。

褒められたら、ありがたく受け止めて励みにすることです。叱られて「凹んだ」と言う人がいますが、自分は大した者ではないと自覚している人は凹みません。傲慢だと気づき、「まだまだ努力が足りないのだな」と素直に受け入れましょう。

聖フランチェスコは、小さき者として生きることを信条にして行動しました。自分自身を常に無知だと思っていれば、すべての人が先生だと思えます。どのような言葉でも受け止めることができるのです。

たとえ自分を馬鹿にするような人がいたとしても、その人からも学ぶことができるでしょう。これが謙虚な姿です。

折れることなく、すべて吸収すること。謙虚な人というのは実は最も強いのです。

37

心の中に真《しん》・副《そえ》・控《ひかえ》を定める

満たされた人生を送るために最も大切なのに、人間関係も仕事もすべて優先順位を考えることです。

人生の旅の主人公は自分。「あれが原因でできなかった」などと言う人がいますが、すべて自己責任です。今の時代、権利ばかりを主張し、義務を果たさない人があまりにも多過ぎます。

「今、自分がするべきことは何なのか」「人生の一番の目的は何か」を考えない人が多いのです。優先順位がわからない人は、充実した旅をすることはできません。

ある華道の流派では、まず主軸となる「真」を、次に中心となる花を引き立てるための「副」を、最後にすべてを統一するための「控」を生けることが調和のとれた作品の基本であるとされています。

人生も同じです。職場の人間関係で疲弊している人がいますが、そもそも職場での「真」は仕事。「あの人は好き」「この人は嫌い」などと言うのはおかしいのです。友人関係なら自分の癒し、仕事関係なら仕事。何が「真」かを明確にすることで心の整理をして、スッキリと生きていきたいものです。

38

生かされていることに感謝する

人生は経験と感動という名所を巡る旅。なのに、なぜ経験と感動をすることに感謝をしないのでしょう？　どうして名所に対する感謝がないのでしょうか？

人は名所を見る旅をしているにも関わらず、喜怒哀楽のいいとこ取りだけをしてしまいがちです。たましいの成長は喜怒哀楽のすべてにあるのに、感謝をしないのです。

この世の法則は光と闇です。光があるから闇がわかる。闇を知るから、光がわかる。感動においても同様です。喜ぶことがあるから、人を喜ばせることができる。また、苦しみがあるからこそ、人の苦しみに寄り添えるのです。もしも人生が苦しみだけならば、人はひねくれて、歪んでしまうでしょう。ですから、感動には喜びも楽しみもあるのです。

私たちは、こんな素晴らしい旅を与えられていることに感謝をしなくてはなりません。その感謝ができる人とできない人とでは、「波長の法則」と「因果の法則」により、人生が大きく変わります。

感謝ができる人には、大きな掌《てのひら》の中で生かされているという平安が与えられます。喜怒哀楽を充実させる目的を知っていれば、どんな事柄も受け止められるのです。

39

パワーバランスを保つ

人のパワーは一定。どんなに幸せそうに見えても、いいことだけの人生を送る人はいません。世の中にはお金に困らない人生を送る人もいるのに……などというのもよく聞く話ですが、経済的に恵まれた人にも苦悩はあります。親族による骨肉の争いなど、お金では解決することのできない苦しみがこの世にはいくらでもあるのです。

光が強ければその分影も濃くなるのは、神の摂理です。このことを美輪明宏さんは「正負の法則」と呼んでおられます。

ここで多くの人が「いいことがあれば悪いことが起こる」ととらえてしまいがちですが、ポイントは「負」を先に取ろうと意識すること。そうすれば、後に「正」（幸せ）が訪れるのです。

また、分相応という言葉があるように、自分自身の器以上のものは必ずその分、歪みがくるもの。たとえば、普通に暮らしている人が10人の執事を雇ったら、持て余し、報酬を払い切れないでしょう。自分の収入に見合わない借金をして家を購入して、支払いに困るのも同じ。パワーバランスが保たれていないから問題が生じるのです。

昔の人は「お大尽《だいじん》じゃあるまいし」と言ったものです。自らの器を見極め、自分自身を正しく知ることです。

40

孤高に生きる

孤独を恐れる人がいます。自分は孤独だと寂しい気持ちで生きている人もいます。どちらも人生における怠け者。なぜなら依存心の強い人だからです。そのうえ、自分は孤独だなどと心を閉ざしていたら、家族といても、１００人の友達とカラオケをしていても孤独なのではないでしょうか。それは、誰かに与えてもらうことで孤独にならなくてすむ、というふうに思っているからです。

孤独は、自分自身が他者とのコミュニケーションを上手にとれば癒せます。

大切なのは孤高でいるということ。孤高とは依存心を持たず、良質な時間のみを使って、人と関わることです。常に責任主体で、相手と距離感を保ち、自律していることなのです。

孤高に生きれば、疎外感とは無縁です。誰かに依存しない分、他者の人生に翻弄《ほんろう》されることも、「トラブルに巻き込まれたらどうしよう」という不安もありません。苦難に遭遇しても、頼れるのは自分だけだという覚悟を備えているため不動心。人のせいにしたり、嘆いたりすることなく、淡々と生きていくことができるはず。

孤高に生きることは自由に生きること。自由に生きることを「幸せ」と言います。

41

加算法で生きる

自分の思うようにいかないことが起きたとき、人は苛立ちを覚えます。つまり苛立ちは甘え、依存心の表れです。「あの人がやってくれるだろうと思っていたのにやってくれなかった」という落胆が苛立ちに転じることもありますが、たとえどんなに相手に落ち度があっても、苛立つ人は小我なのです。

それでは、どうすれば苛立ちや落胆といった感情を手放すことができるのかと言えば、期待しないこと。

たとえば朝のゴミ出しは、自分でやるものと思っていれば、家族がしてくれなくてもガッカリすることも、イライラすることもありません。思いがけず家族がしてくれていたら、ありがたいと感謝することだってできるでしょう。

社会の中の人間関係においても同じです。多くの人は、初対面で意気投合した人などに対して、「あの人はいい人だ」といきなり満点をつけてしまいがちですが、その期待はご都合主義な妄想にすぎません。それでいて、相手の欠点を見つけては落胆する減点法で生きているのです。ゼロ点から始めれば落胆することはありません。そればかりか、「こういういいところもあるのか」と嬉しい発見をすることもできるはず。

つまり加算法で生きることこそが、人生を輝かせるためのコツなのです。

42

「天国の心」で生きる

人は誰でもさまざまな性格的な癖を備えていますが、何でもネガティブにとらえる癖のある人は幸せから最も遠い人だと言えそうです。

たとえばパリを訪れたときに、エッフェル塔を見て「ついにパリに来た！」とワクワクする人と、「パリは犬の糞だらけだ」と心を曇らせる人は、どちらが幸せでしょうか？

前者は「生きていてよかった！」「自分の人生もまんざらではない」と生きる希望へとつなげることができますが、後者は「何をしてもつまらない」「生きていてもいいことなど何もない」と人生を停滞させてしまいます。

自分の幸せは自分でつくり出すもの。そのためには「天国の心」を備える必要があるのです。天国の心とは素直な心のこと。「馬鹿にされたくない」「一目置かれたい」などという歪んだプライドを持っていると、理屈っぽくなったり、天邪鬼《あまのじゃく》になったりと、心は複雑になっていく一方。余計なプライドは不幸のもとだと言えるでしょう。

たとえどのような環境でも、自分自身で天国にすることはできます。天国というフィールドでは、天国の住人が集い暮らすのです。あなたの環境を天国にするか、地獄にするかは自分次第。天国に行きたければ、あなたの「心」を天国にすることです。

43

自分自身を正しく愛する

他者を愛することは自分を愛することになる、ということをわかっていますか？

他者に向けられた愛は、自分に還ってくるのです。

人から心ない言葉を投げかけられた場合、どんなふうに受け止めますか？　傷つけられたと感じるのか、それとも相手を気の毒な人だと見るのか。

傷ついたとしたら、それは図星だということです。身に覚えがあることだから、カチンとくるのです。

幸せな人は意地悪をしません。身に覚えのないことを言われたり、あまりにもひどい言われ方をした場合は、傷つけた人自身が幸せではないのです。

私たちは常に感情ではなく、理性でいることが大事。なぜ傷つくのかといえば、相手が感情でものを言うからです。それに反応してカチンとくるのは、同じく感情。感情に対して、理性で受け止めれば、大我である霊体*が本位のため、相手を愛することができます。そして、傷つかないのです。傷つくのは感情であり、自己憐憫です。

もっと正しく自分を愛してください。大我の愛がある人は、自分自身よりもまず、相手を思います。癒されてほしいと願うのです。それが結果的には傷つかない道。相手を愛することは、自分を愛すること。大我は自分をも愛することになるのです。

＊人間の霊的構成は肉体、幽体、霊体であり、重なっている。幽体は感情、霊体は理性を司る。

44

過去の失敗を読み解く

「後悔先に立たず」と言いますが、「もしもあのとき、こうしていたら」と思うことは誰にでもあります。だからといって、「時間を巻き戻したい」などと考える人は妄想族。嘆き続ける人に限って、後悔はしても反省はしていないのが常なのです。

人生に失敗はありません。私たちはたましいを磨くために生まれてきました。

そのためには、悔しさや悲しさを伴う失敗が必要不可欠。ダイヤモンドは傷をつけることで輝きます。たましいもまたしかり。失敗が学びのチャンスである以上、人には転ぶ権利があるのです。

転ぶということ自体、そこにあなたが生まれてきた意味が隠されています。ですから、転んでしまったことを憂うよりも、何が原因で転んだのかを考えること。自己分析を通して、過去の失敗を読み解くことです。そこにあなたの人生の目的である「宝」があるのです。

依存心が強かったのかもしれません。自分を過信していたのかもしれません。そうと気づけば改善しようと心に決める。そして改善できたか試してみようという気持ちで前進することです。

45

過去の亡霊に縋《すが》るのはやめる

過去の成功や若さに縋る人には、発展がありません。なぜならば、そこを最良としてしまっているからです。本人にとっては輝かしい過去でも、もはや過去の亡霊。今、幸せな人は過去に縋ったりしません。

そして、人生には何が起こるかわからない。自分自身に問題がなくても、天災、国の有事などに振り回されることもあります。そう心に留めておくことも必要。そのうえで、大事なのは今、そして未来なのです。

「もう歳だから」などと言うのも、若い頃に執着する心が生み出すセリフです。人は何歳からでも、自分の視点を変えれば未来に幸せをつくることはできます。しかも今の自分は過去の積み重ね。歳を重ねて失った気力や体力と引き換えに手に入れた、知恵や豊かな心があるではありませんか。

パラリンピックの生みの親であるルードウィッヒ・グットマン卿は、「失ったものを数えるな。残されたものを最大限に活かせ」という言葉を残しています。

過去を振り返り、意気消沈するのも悦に入るのも、失ったものに執着している点は同じ。過去は過去、大切なのは今をどう生きるかなのです。

46

「ありのまま」を免罪符《めんざいふ》にしない

精神的に成長しない人の多くが「ありのままで生きる」という指南をご都合主義に解釈しているようです。

「ありのままでいい」を「今のままの自分でいい」ととらえているとしたら大間違い。飾らず素で生きている人は素敵ですが、だからといって寝起きのまま、顔も洗わずに職場に行ってしまったらドン引きされてしまうのではないでしょうか。第一、周囲の人に対して失礼です。

自分の長所を活かし、短所は慎み、社会の中に調和する自分であるよう心がけることは、人としての義務であり、他者に対する愛であり、協調性を持って生きるための術《すべ》でもあります。その努力なくして、自分を受け入れてほしいと考えるのは傲慢な人の横着な発想。自己都合を肯定しても進歩はありません。

「ありのままで生きる」という言葉を、向上心のない自分の免罪符にしてはいけないのです。

「認めてもらいたい」は受動的な発想。能動的に生きなければ運命を切り拓くことはできないのだと知り、自分を最大限に活かして生きましょう。そのための努力は決して人を裏切りません。

47

自分と対話する

「最近、嫌われている気がする」「最近、自分は優しくないな」などと、心にザラリとした違和感を抱いたら、自分との対話、つまり「内観」をしてみることです。「内観」とは自らの心のうちを見て、冷静かつ客観的に分析すること。大事なのは理性で対話することです。

「嫌われている」と思うことを例に挙げ、一緒に内観してみましょう。

内観の声「どうして嫌われていると思う？」

自分「あの人に無視されているから」

内観の声「なぜ無視された？」

自分「私はよかれと思ってしてあげたことを気に入らなかった」

内観の声「でも相手は喜んでいないのでは？」

自分「人の親切がわからないなんて、あの人はおかしい」

内観の声「でもそれは恩の押しつけ。わかってほしいのは依存心では？」

内観をすれば、空回りしている思いや、人生が目的を失っていること、愛が不足していることなどが如実に見えてきます。自分の思い、言葉、行動のすべてが、あなたのたましいを映し出していることを思い出してください。

48

今やるべきことをやる

人生は判断の連続です。バスで行くか電車で行くかと迷ったときのことを考えてみてください。家の前で立ち止まって考えていたら、遅刻してしまいます。迷ったときに、一歩も踏み出さずにいることほど愚かなことはありません。ところが、深刻な迷いであるほどフリーズしてしまいがち。実は、歩み続けるためにはコツがあるのです。

私はウォーキングを日課にしていますが、上り坂を上る折には足元だけを見つめています。先を見上げては歩む気が失せてしまいますが、足元だけを見て一歩一歩進めば、気づいたときには頂上に辿《たど》り着いているからです。同様に迷いの中にいるときも、今やるべきことに集中しましょう。

たとえば転職を考えるとき、「とりあえず辞めてから次を考えよう」というのは得策ではありません。時間がたくさんあると、インスピレーションは降りてこないのです。

また、「将来が不安だ」と言う人に限って、目の前のことをなおざりにしてしまう傾向がありますが、目の前のすべきことに懸命に取り組んでいれば、集中力が高まり、未来に対する明確な答えが見えてきます。

今日の一歩なくして未来に到達することはできないのです。

49

動機を大切にする

「親切が裏目に出た」と嘆く人の多くが、「無償の愛」と「自己愛」とを取り違えていることに気づいていません。スピリチュアリズムでは愛には2種類あると説いています。見返りを求めない「大我な愛」と自己中心的な「小我な愛」です。

たとえば知人からお金を貸してほしいと持ちかけられたとき、人は「嫌われたくない」「友達を失いたくない」という思いから貸してしまいがち。しかし、それは「小我な愛」。なぜなら、自分可愛さから貸しているからです。

昔の人は、「お金を貸すときにはあげたと思いなさい」と言ったものです。つまり、自分がそのくらい相手に「寄り添いたい」と思えるかどうか。そう思えるのであれば、貸す。それが「大我な愛」です。

貸したお金が返ってこなかったときに悶々《もんもん》とするのは、動機が「小我な愛」だから。自分のために貸したから、「因果の法則」でそういう結果が返ってくるのです。

また、相手のために貸すことは得策ではないと思ったなら、「あなたのために貸せない」と言うことも「大我な愛」。

子育てにも言えることですが、欲しいものを何でも与えることがよいのではありません。すべては動機次第なのです。

50

涙目でものを見ない

涙目でものを見てはならない、涙で目が潤んで真《まこと》が見えなくなるから。涙を拭ったときに真が見える

これは私の守護霊である昌清霊《まさきよれい》の言葉です。涙目とは感情の目。さらに詳しく言えば、感情の目は幽体*の目。感情の目は真実が見えなくなります。そのため、感情の目はときに間違えることがあります。一方、理性の目は間違えることがないのです。

たとえば夫婦で揉め事があったとして、どちらか片方が１００％悪いということはありません。しかし、誰かが感情の目でその揉め事を見ると、「可哀想」と片方に加担してしまいがち。自らを投影し、自己憐憫に浸ってしまうのです。

理性の目で見れば、夫婦になっているのだから、「波長の法則」が働いていると考え、どちらにも原因があるととらえます。つまり、大事なのは理性の目で判断することなのです。

感情の目で見ると、何事においても判断を誤ってしまいます。ですから、人間関係すべてにおいて、理性の目を持つことが必要。どんなときにも常に中立でいるのです。自分に対しても、他者に対しても、中立な判断を心がける。そうすれば真実を歪めて受け取ることはありません。

＊人間の霊的構成は肉体、幽体、霊体であり、重なっている。幽体は感情、霊体は理性を司る。

51

丁寧に暮らす

私が雑誌で連載していた『スピリチュアル・サンクチュアリ〜江原啓之神紀行〜』がムック本となり発売されたのは２００３年。おかげ様でたくさんの方に手に取っていただき、以後、地域別にまとめられた「スピリチュアル・サンクチュアリシリーズ」の出版が続いたことで聖地巡りをする方が増えたと言われています。もちろん生みの親としては嬉しいのですが、昨今のパワースポット巡りブームに対しては、少々複雑な心境です。

というのも、聖地巡りに余念がなく、日々の暮らしをなおざりにしている人が目立つからです。これは、サプリメントでビタミンを摂っているから野菜は食べなくていいと考えるようなもの。サプリメントはあくまでも栄養補助食品でメインではありません。健康が毎日の食生活で育まれるように、幸せも挨拶、掃除、洗濯、料理といった日々の営みの中で育まれます。ですから、聖地へ行って祈るような気持ちで毎日を丁寧に過ごすことが大切なのです。

祈るように家族を見つめ、祈るように他者と接し、祈るように食べ、祈るように働く。そうした心を込めた生き方の姿勢が言動に表れ、よき波長を引き寄せ、悪しき波長をはねのけるのです。あなたの日々の暮らし方が、あなたの未来をつくっています。

52

親を超える

「親が嫌いだ」「親を恨んでいる」と言う人が珍しくありません。これまでに「親のせいで」と言う相談者の言葉を山ほど聞いてきましたが、いずれも甘えの表れです。

私たちは、現世での自らの課題にふさわしい親を選んで生まれてきました。親は家族という学び舎《や》の先輩ですが、ときには反面教師でもあるのです。

親とて人間であり、たましいは別。人には肉体の年齢のほかに、たましいの年齢があります。子どものほうが長けていることもあるのです。

いつまでも不平不満をこぼすのは、親を超えていないから。親を一人の人間として尊重し、長所も短所も受け止めていったならば、あなたは親を超えられたことになります。いつまでも依存していてもしかたがありません。自立しましょう。それが本当の自律と自立なのです。

たとえ憎んでいても、親を超えてしまえば、恨みは消えます。そればかりか素直に感謝することができるでしょう。産んで、育ててくれた親がいたからこそ、今の自分があるのですから。人を憎むという経験も、ある意味で一つの感動。憎しみを知っているからこそ、人を愛することができるのではないでしょうか。親の存在をどう受け止めるかは自分次第。責任主体で生きることが幸せへの近道なのです。

53

波長の低い人と同じ土俵に乗らないようにする

「売られた喧嘩は買う！」「やられたらやり返す！」などと息巻いている人は、「波長の法則」と「因果の法則」がわかっていません。

たとえば前方から歩いてきた人と肩がぶつかったときに、相手がチッと舌打ちをしたとしたら、その人の波長はかなり低いと言えるでしょう。けれど、そこで舌打ちをし返したりすれば、あなたも「同じ穴の狢《むじな》」になってしまいます。

パートナーに浮気をされたからといって、当てつけに浮気をするのも小我同士の小競り合い。

大我な人であれば、心の痛みを無駄にはしません。

大我な人はそういう相手だとわかったからといって、感情のみでショックを受けるのではなく、理性で受け止め、自分も同じような波長になっていたことに気づきます。そして、自分自身が変わるべきだと気づかせてくれたことを相手に感謝するのです。

ここが、運命の分かれ道。理性で受け止める人は一見悔しい思いをするように感じるかもしれませんが、実は幸せになる人なのです。

波長の低い人と同じ土俵に乗ってはいけません。軍配《ぐんばい》にこだわり、白黒はっきりさせたいと考えるのは幼稚な発想なのです。

54

相手のたましいに語りかける

どうせわかってくれないからと心を閉ざしてしまう人がいます。熱意の伝わらない仕事仲間に対して、反抗期を迎えた子どもに対して、そして認知症を患った親に対して……。けれど、諦めてはいけないのです。

私にしても、「たましいなどあるものか」と霊的真理に懐疑的な人が少なからずいることを知っています。そうした人にスピリチュアリズムを説いたところで始まりませんが、活動をやめようと思ったことは一度もありません。

言って伝わらない人でも、たましいでは理解できます。ですから、たましいに語りかけましょう。語りかける方法は二つ。一つは、耳を傾けず、理解をしようとしなくても、何度も語りかけること。もう一つは、相手が目の前にいてもいなくても、祈るように心で語りかけること。何かの依存症、認知症の人もたましいでは理解できます。

理解していることが一番よくわかるのは子育てでしょう。たとえその場では乱暴な口をきいていても、実は理解していたりするもの。子どもが親の気持ちを汲《く》んでいることも少なくないのです。

だからこそ、成果主義に陥ってはいけません。語りかけて、すぐに理解できると期待しないこと。たましいでは理解してくれると信じて語り続けるのです。

55

本当の苦労をする

「苦労が多いと言いながらも、実は『身から出た錆《さび》』という人が多い」。私は、他界した母からの霊界通信*でこう言われました。そのような人は、結果を見ればわかります。同じことを繰り返し、自ら苦労ばかりつくっているからです。

大切なのは、挑む苦労。それは、自分には少し負荷がかかると感じることも、あえて挑戦してみようと思うことです。人生は旅。自己責任で苦労に挑むのは素晴らしいことなのです。

自分をわかったうえで、ほんの少し負荷をかける。筋肉を鍛える際と同じです。ただし、成果主義に陥らないようにしなくてはなりません。

「苦労は買ってでもしろ」という言葉のとおり、スピリチュアリズムでも、苦難を乗り越えてこそ、たましいは磨かれるととらえています。ただし、ここで言う苦労とは、家族の縁が薄い、病弱といった宿命的に与えられた試練のこと。「身から出た錆」とも言うべく、自分の未熟さが引き寄せた苦しみとは違います。

この世には、乗り越えることでたましいのステップアップにつながる「経験すべき苦労」と、してしまったことの因果によって背負う「余計な苦労」があるのです。現世でのカリキュラムである「経験すべき苦労」は、幸せな未来へとつながります。

＊　霊媒を通じて霊界からのメッセージを受け取ること。

56

すべての人が先生だと思って生きる

人から意地悪をされてよい気持ちのする人はいませんが、私なら「ありがとう」と心を切り替えます。感謝するのですから、仕返しをすることも、恨みを募らせることもありません。

よく理解してください。切磋琢磨《せっさたくま》というように、人と人は磨き合っているのです。あなたに意地悪をした人は、「意地悪をする」という悪しき種をまいてくれました。幸せな人は意地悪をしません。その人はいずれ同じことで苦しむことになるでしょう。

一方あなたは、意地悪をされる人の気持ちがわかり、意地悪をしない人になれます。相手は悪しき種をまいて、あなたに教えてくれたのです。

あなたのたましいの成長のための磨き砂として、その相手がいてくれる。だから、感謝するのです。

もし感謝できないならば、あなたは再び同じ学びを繰り返すことになるでしょう。自分が未熟なのだと受け止めることです。

神の摂理は絶対です。理解されるのではなく、理解するしかありません。

人生においてはすべての人が先生なのです。

57

理解されることを
望むのではなく、
理解する

社会の中で「こんなに頑張っているのに」と不満を抱えている人がいます。家庭の中で、「こんなに愛を注いでいるのに」と苛立ちを抱いている人もいます。

けれど、社会に出れば頑張るのは当たり前、家族に愛を注ぐのも当たり前。ことさら恩に着せる人は自分勝手で、相手の気持ちを想像するという発想に欠けているのが常です。

「親に褒められたことがない。愛されていないのだ」と訴える人も珍しくありませんが、「親自身も親の愛を知らずに育ったのかもしれない」「何か考えがあって子どもを甘やかさないと決めていたのかもしれない」と考えてみる。あるいは、直接尋ねてみることで心のわだかまりが解けるということが多々あります。

つまり、相手を理解することが大切。その結果、「そういう事情があるならしかたがないか」と思うことで、許容範囲はグンと広がります。意地悪な人がいても、幸せな人は意地悪をしないと相手を理解すれば、お気の毒な人だと流すことができるはず。

イソップ寓話『北風と太陽』が諭しているように、他者の心を力ずくで変えることはできません。「ありがとう」と言われたいなら、まず自分が「ありがとう」と声をかける。それもまた、相手の心を理解することなのです。

58

家族も他人だと心得る

「家族なのに……」という言葉を口にする人がいますが、「家族なのに助けてくれない」「家族なのに心が通じない」と考えるのは、家族は一心同体でなければいけないという思い込みによるもの。依存心が引き寄せる幻想だと言えるでしょう。

私たちは自らの学びのために家族を選んで生まれてきました。家族という学び舎の中で生じる摩擦は、学校や職場など、社会での人間関係に順応するためのレッスン。ですから、気の合わない家族やわかり合えない家族がいても不思議ではないのです。

家族と言えども、たましいは別だということも忘れてはいけません。自律することが私たちの使命。「家族なのに……」という発想は手放す必要があります。

むしろ「親しき仲にも礼儀あり」を心がけ、家族の心に土足で踏み込むような真似や図々しい言動は「甘えである」と認識し、慎むべきだと思います。

赤の他人には優しくできるのに、家族には優しくできないのは誰にでもあることですが、「言わなくてもわかるはず」などと考えるのは横着。

してほしいことがあるのなら、他人に頼み事をするときと同様に、お代が必要なのです。この場合のお代が金品ではなく、真心や思いやりを指すのは言うまでもないことです。

59

負の感情は正のエネルギーに変える

悪魔が心に入り込んだように悪念に突き動かされることを「魔が差す」と言いますが、スピリチュアリズムでは「魔」ではなく、「間」ととらえています。

たとえば「死んでしまいたい」という思いに駆られている人は、上手く運ばない現実を目の当たりにしたことで生じた心の間に、落胆や諦めといった負の感情が入り込み、知らず知らずのうちに占領されている状態。そうとわかれば、強がりでも「死にたくない」と言葉にすることで、まずは正気に戻ることが大切です。

そのうえで客観的に自分の抱える負の感情の一つひとつを眺め、エネルギーのベクトルを変えていきましょう。

「死んでしまいたい」と思い詰めるほどの負の感情が放つエネルギーは大変に大きなものですが、憎悪も後悔も悲しみもバネにしてしまえば、大きく飛躍することができるのです。

床にたたきつけたボールは、その力が強ければ強いほど高く跳びます。人生もまた、試練が大きければ大きいほど、乗り越えた先には飛躍する未来が待ち受けています。

負の感情を正のエネルギーに変えるという発想さえ備えていれば、怖いものはありません。

60

憎しみを手放して赦《ゆる》す

「この恨みは一生忘れない」などと、自分を苦しめた人に対する怨恨《えんこん》に燃え、執拗に抱き続ける人がいますが、恨むことには何の意味もありません。そればかりか、恨み続けること自体が苦しいはず。

浮気をしたパートナーに対して恨み骨髄に徹する人もいますが、いかなる場合も人間関係におけるトラブルは、フィフティ・フィフティ。自分自身の環境は自分で引き寄せていることでもあるのです。

自分の思い、言動を振り返ることなく、相手の落ち度ばかり責め続けると、ますます波長が下がってしまいます。恨む気持ちは放念し、低い波長を断ち切らなければ、いつまでたっても運命を切り替えることができません。

愛の対極にあるのは、憎しみではなく無関心。憎しみを手放すことができないのは、相手に対する未練の表れだと考察することができるのですが、その場合、本当に赦せないのは、優柔不断な自分や、波長の低い人を引き寄せてしまった自分のことなのです。誰にでも過ちはあると自分を赦すことで、心の自由を取り戻しましょう。

つまり、赦すのは他者のためではなく自分のため。このことを心に刻むことが、恨むことの苦しみから逃れるための重要なポイントなのです。

61

お節介を焼かない

「お節介」と「人助け」の違いがわかりますか？　お節介は小我です。人助けは相手を思う大我です。だから、あえて手を出さないことが愛なのです。親切が裏目に出たと思ったことのある人は、自分本位な発想で生きていないかを省みる必要があるでしょう。

たとえば子どもに不憫《ふびん》な思いをさせたくないという親心は尊いものですが、その思いが強いあまり、子どもに疎ましがられるというのはよくある話。なぜかと言えば、子どもの立場や気持ち、タイミングなどを考えず、自分が正しいと思ったことを闇雲に押しつけるからなのです。

過ぎたるは猶《なお》及ばざるが如し。せっかくの親心もごり押しすれば、お節介と化してしまいます。

他人の問題に妙な正義感を振りかざして首を突っ込むのもお節介。社内不倫をしている上司の奥さんに「浮気してますよ」などと伝えるのは、正義感のあるフリをしているだけで、その実、批判したいという欲望を抱いているのでしょう。もしくは、他人の不幸は蜜の味とばかりに面白がっているのでしょう。

親切は無償の愛の表れですが、お節介にはエゴが潜んでいます。エゴが幸せにつながることはありません。

62

想像力を持って生きる

人間関係で気を使い過ぎて疲れるという人がいます。人からよく見られたいという小我な気持ちだから、疲れるのです。気は使うものではなく、利かすもの。

本当に「気が利く」のは、今、相手が何を必要としているか、自分は何をすることが大切なのかをわかって行動すること。つまり、気を利かすには想像力が必要。そして相手を思う大我な愛あってこそ、想像力は湧くのです。

「気」はエナジー。「気を使う」のは「気」の無駄遣いなのです。

また、「こんな言動をしたら人にどう思われるか？」という想像力に欠けた人が報われることはありません。傷つけられることが多いと感じている人も要注意。傷つけたから、傷つけられたのだということも考えられます。自分が発した言葉で先に相手を傷つけていたかもしれないという想像力に欠けていると、被害妄想ばかりが膨らみ、自分は不幸だという図が出来上がってしまうのです。

人間関係に限らず、人生における苦難に対しても、闇雲に嘆くのはやめましょう。「因果の法則」が働いたのではないか？「波長の法則」によるものではないか？と想像することが大切。自分が学ぶべきことは何か？という想像力が災いを福へと誘うのです。

63

身体を休ませる勇気を持つ

物事に忙殺されると、心に余裕がなくなってしまいます。仕事に家事に子育てに、人付き合い。定期検診に行かなくてはいけないし、銀行や役所にも行かなければと、あくせくしている人も多いと思います。けれど、そうしたルーティンは生きていくうえで必要なこと。生きていくためにこなしているにも関わらず、忙しさのあまり心を亡くしてしまったのでは本末転倒です。

心と身体は連動しています。イライラしたり、ハラハラしたりするのは肉体が疲れているせいかもしれません。まずは身体を休める勇気を持ちましょう。「忙しい」と言いながら、フェイスブックなどのＳＮＳに多くの時間を費やしてはいませんか？明日は休日だからと深夜までゲームをしたりしていませんか？

この世での肉体は車。運転手はたましいです。車を酷使していると、快適に走れなくなってしまいます。上手にこの世を生きていくために、身体の管理は自己責任。タイムマネジメントのできない人は、ライフマネジメントもできません。ダラダラと毎日を過ごしている人は、だらしのない人生を送ることになってしまうのです。

休息をスケジュールに組み込み、自己管理に徹することが大切。ゆっくりと過ごす時間が明日への活力を養うのだということを忘れてはいけません。

64

誰かのために働く

職場の人間関係が悪いから、頑張りを認められないから、楽しくないから働く気が失せる――と言う人がいます。けれど、職場はレジャーランドではありません。職場は努力を通して自分で居場所をつくり、自分でやりがいを見出していくための、言わば修行の場。

逆説的に言えば、甘い気持ちでいるから職場での人間関係に恵まれず、認められることもなく、結果、職場へ行くのがつらいということになるのです。職場に対する不満ばかりを羅列する人は、そもそも仕事があることに対する感謝の気持ちに欠けているのではないでしょうか？

正と負は背中合わせ。「養わなければならない家族の存在が重い」と嘆く人もいますが、人生には負荷も必要。自分一人が食べていくために頑張るのには、限界があります。愛する人のためにと思えばこそ、努力するための根性や理不尽なことに対する忍耐力が生まれるのです。そう考えれば、家族は足かせではなく、打ち出の小槌《こづち》。こんなふうに心を切り替えて仕事と向き合えば、毎日が輝き始めることでしょう。

家族だけではありません。職場のみんなに笑顔をもたらすためにという気持ちで仕事に臨むことが、活き活きと働くためのコツなのです。

65

義務を果たす

仕事がつらいと訴える人にその理由を尋ねると、「会議の席で恥をかいた」「理不尽な上司に頭を下げるのが屈辱的だ」といった答えが返ってくることがあります。けれど恥をかくのも、頭を下げるのも給料のうちです。すべては学び。この世にはいろいろなことが起こります。さまざまな人がいるのです。そうした社会勉強をしながら給料をもらえるなんて、ありがたいことだと思いませんか？

そもそも、仕事に余計な感情は無用です。かく言う私もリサイタルなどでステージに立った際、歌詞を間違えたりすることがあるのですが、そこで動揺して逃げ腰になったりすれば舞台そのものが台無しになり、周囲の人に迷惑がかかります。そこで、「悔やむのは家に帰ってから」と即座に心を切り替えます。そして最後まで、義務を果たす中で巻き返そうと必死になります。

給料をもらって働く以上、自分の義務を果たすことが使命。主婦においても同じです。まずは、家庭のことをやってからなのです。

義務を果たさず権利ばかりを主張するのは、負け犬の遠吠えでしかありません。

終わりよければすべてよし。トラブルに見舞われても、結果がよければ高く評価されると信じて邁進しましょう。

66

天職と適職の両方を持つ

「天職に就きたい」という迷路に彷徨《さまよ》う人を多く見かけます。なぜかというと、天職で食べられることはまずないからです。人生を上手に生きるには、天職と適職のバランスを保つこと。

天職と適職は違います。天職は心の喜び、適職は技能を提供する生業《なりわい》。そのバランスを上手くとらなくてはいけません。人というのは往々にして、天職だけで生きたいと理想を追求しますが、それでは人生の迷子になってしまいます。

具体的な方策としては、天職と適職の両方を持つことです。天職と適職は車の両輪なのです。お金にならない天職だけでは暮らしていけませんし、お金のためだけに働く適職だけでは心が満たされません。

天職と適職の定義をしっかりと理解して生きていくか、曖昧なまま悩み続けるか。ここが運命の分かれ道。職場の人間関係だけがすべてではない、職場での目的は給料をもらうことだと割り切ればストレスは減ります。天職と適職の両輪のバランスを上手に操れば、人生のドライブは快適なものになるのです。

そして一つだけ、適職の中に天職を込める方法はあります。それは給料以上の笑顔の挨拶。職場は楽しい場所ではありませんが、楽しくすることはできるのです。

67

セルフプロデュース力を備える

人は誰もが自分の努力をわかってもらいたいと思うものです。けれど、わかってもらうには、わかってもらえるための工夫という努力が必要なのです。

個人で事業を始めて失敗する場合によく見受けられるのが、自分のやりたいことを客に押しつけているということ。何でも客に合わせればいいわけではありませんが、自分自身をわかってほしいなら、そのための工夫という努力をしなければいけません。

私が世間で広く認知されるようになったのは2000年頃でしたが、私は霊能力者が世間の否定論者からキワモノ扱いされているのを熟知していました。

そこで、おどろおどろしいイメージを払拭するために「霊能力者」ではなく、「スピリチュアル・カウンセラー」という肩書にしたのです。

テレビ番組では、「霊」を扱う企画にありがちな垂れ文字や蠟燭《ろうそく》といった余計な演出を排除してほしいと伝えて出演に臨みました。こうした戦略がなければ、「スピリチュアル」はブームで終わっていたと思います。

まず自己分析をして、自分の素材を見極め、上手に料理する。そのうえで、自分のプロデューサー役を自分で担うという発想が必要。「理解されるよりは、理解することを」という視点を持てば、「理解されること」も見つけられるのです。

68

前向きな挑戦を続ける

一つの会社で定年まで勤め上げることが一般的だった時代に比べ、現代では転職を考える人が多くなりました。誰しも今よりよい待遇や、やりがいのある仕事を求めて転職を望むのですが、ステップアップできる人ばかりではありません。

実は転職には、いい転職と悪い転職があります。

いい転職をする人は、「今の会社に不満はないのだけれど、新しい職場で勝負をしたい」と考えているのが特徴的です。

一方、悪い転職をする人は、今の会社に対する不平不満を募らせ、「こんな会社にはいたくない」という発想で転職を考えてしまいがち。前者が「卒業」の転職であるのに対し、後者は「逃げ」の転職だと言えるのです。

そこで、転職を考えたときには、「前向きな挑戦か、それとも逃げか」と自問自答してみる必要があります。人間関係が悪いといった場合には、逃げだとわかっていても転職したいという結論に達することもあるでしょう。

けれど「逃げ」を選ぶときは、人生の中で「静」の時期であり、波長が低いのです。言わば学びの時期です。波長の低いときには、よいものを引き寄せられません。努力しながら「動」を待ち、前向きな挑戦を続けることで人生は大きく拓けます。

69

「生き金」を使う

金銭トラブルを抱える人は、お金をどう使うかという発想に欠けていると考えることができるでしょう。

そもそもお金の使い方には、その人の品性が如実に表れます。努力してお金の循環がよくなったことを喜ぶのはよいのですが、過剰なまでにお金を出し惜しむ人は度量が狭く、「生き金」を回すことができません。つまり、人生の目的がお金になった途端に、お金は汚いものになってしまうのです。

お金は水と同じで、滞っていたら淀《よど》み、流し過ぎると枯れるのです。人のネガティブな念や欲といった汚いエネルギーも籠《こも》っているお金は、たくさん入ったらほどほどに流すことが大切。

見返りをあてにせず、誰かの幸せのために使えば、幸せの種をまいたことになります。パワーバランスをとることにもつながるのです。

単に出費するのではなく、責任主体で生き金を使いましょう。

せせらぎのように流してこそ生き金であり、生き金を使うのは自分のため。このようにお金に関する哲学を備えていることが大切。お金に関する悩みは、心がけ次第で事前に防ぐことができるのです。

70

世の中に還元する

「自分は金運に見放されている」と嘆く人は、「自分が食べていけるだけあればいい」という発想の持ち主であることが多いようです。

日本には昔から、贅沢は敵だとする清貧の美徳が根づいています。質素な暮らしを心がけることは立派な行いですが、自分の分だけ働くという発想は小我です。

大我な人は、「自分が食べていけるだけあればいい」などとセーブせず、どんどん働いて世の中に還元しようと考えます。成功者には実際にそうやって還元する人が多いのです。

たとえば日頃からお世話になっている人にご馳走をしたり、慈善団体に寄付をしたり……。そうしたことができる自分の境遇に感謝し、「人のために生きることを励みに精進しよう」という心がお金を引き寄せるのです。

また、金欠だからと冠婚葬祭のお金などを惜しめば、別のところで思いがけない出費が発生することも少なくありません。

お金は必要なときに活かすこと。これがお金の法則です。

お金は心豊かに生きるための道具だととらえ、気持ちよく生きるために回す。そのために働くというのが正しきあり様なのです。

71

楽をして儲けようという気持ちは捨てる

お金が欲しいと思うのは当然です。何しろお金がなければ、食べることも住むこともできないのですから。ただし楽をして儲けたいという発想を抱いているとしたら、お金によるしっぺ返しを受けることになりかねません。

楽をして儲けたいと夢見る人は、その人の放つ横着な想念が「だましてやろう」と考える人を引き寄せてしまいます。

また、宝くじが当たった人に幸せになる人はいないと言います。多くの場合、人間関係のトラブルに陥りますが、それは「楽して儲けたのだからちょうだいよ」という人たちを呼んでしまうからなのです。いずれにしても、楽して儲けたお金はあぶく銭《ぜに》といって消えてしまうのが宿命。

飲食店などで一軒目の店が繁盛したからと店舗数を増やし、結局のところ、立ち行かなくなったなどというのもよくある話です。それは同じ労力で何倍も稼ごうと企てるからでしょう。汗一粒銭一枚といって、成功を収めることができるのは、人の何倍も働く覚悟で人生に立ち向かう人だけです。

「稼ぐに追いつく貧乏なし」という言葉もあります。つまり、地道に働き続けようと心に誓うことが幸せへの第一歩なのです。

72

お金の主人になる

借金や無理なローンの支払いに追われる人の多くは、お金さえあれば幸せになれると考えているようです。本《もと》をただせば見栄っ張り。つまり、お金がないのは恥ずかしいことだと思い込んでいるのですが、貧乏であることは恥ずかしいことではありません。お金がないのに「ない」と言えない自分を恥じるべきです。

友達から食事に誘われても「今月はピンチで」と伝えることができれば、余計な借金をすることはありません。

身の丈も考えず「豪邸に暮らしたい」などと考える見栄を捨てれば、無理なローン返済に苦しむこともないのです。

私にはお金がないことにコンプレックスを抱く人も、お金のある自分は優位であると考える人も、同じ種類のたましいの持ち主に見えます。両者は、お金に支配されているという共通項で結ばれているのです。

お金のあるなしに関わらず、お金中心に生きている人は、おいしい話に乗って騙されたり、お金持ちに迎合したりと不自由です。しかし、自分がお金の主人であるという認識のある人は、意のままに淡々と生きていくことができます。

「お酒は飲んでも飲まれるな」と言いますが、お金も同じなのです。

73

お金に罪悪感を抱かない

お金に縁のない人は、お金に対する罪悪感を持っているケースが多いものです。けれど、お金持ちに対して反感を抱くのは僻み、執着の表れです。お金が欲しいと思うことをはしたないと考えるのも、歪んだ発想だと言えるでしょう。いつのときも悪いのはお金ではなく、お金を扱う人の心です。

お金に対する偏見を持ってはいけないのです。たとえば、自分で稼いで得た1万円札を額に入れて飾るのは、はしたないことではありません。もし、はしたないと思うなら、それは自分が充実感を持って働いていないから。つまり、お金に罪悪感を抱くのは、自分が働いていることに罪悪感があることになります。

汗水流して得た1万円札ならば、飾ることは栄誉なことのはず。そう思える人は、お金を簡単には使えなくなり、より大切にするでしょう。そういう想念が、お金を引き寄せるのです。

そして、お金を闇雲に欲しいというだけではダメ。何に使うのか目的を明確にすることが想念となり、お金を引き寄せます。お金は労働の対価として入ってくるもの、人生を豊かにしてくれる大切なもの、というポジティブな思考であることも絶対条件だと心に刻んでおかなければなりません。

74

借金を返すと思って貯める

私たちはたましいの存在ですが、それは現世でのことを軽んじていいというわけではありません。自給自足でもできない限り、お金は必要です。

お金がなくても何とかなる、などと楽観視していられる時代は終わりました。先行き不透明な今、自分のことは自分で面倒をみなければならないのです。

先立つものは貯蓄ですが、貯蓄ができないといった人の声をよく耳にします。そうした人は、使いたいだけ使って残ったら貯めようと考えているのではないでしょうか？　実は貯蓄をするためには自分を騙す必要があるのです。それは「このお金はなかったと思って貯める」というもの。

貯蓄のない人の多くは「生活するのに精一杯だ」と言いますが、本当にそうでしょうか？　もしも借金取りに追われていたら？　と想定すれば、服を買うのは我慢しよう、タクシーではなくバスで行こうと生活を切り詰めることができるのではありませんか？

いつ仕事ができなくなる日が来るともしれません。借金を返すつもりでお金を貯めましょう。

備えあれば憂いなし。蓄えをつくることが今の幸せと直結しているのです。

75

美しく別れる

人の本性が最も顕著に表れるのは別れのときだと言えるでしょう。

たとえば別れを告げるパートナーに「捨てないで！」と縋る人は、結局のところ自己愛が強いのです。それがどんなに苦しくても、「相手が望むようにしてあげたい」「相手の幸せのためならば」と受け入れるのが真の愛なのですから。

また、自ら別れを選択する人の中には、フェードアウトを企む人や、メールやLINEですませてしまう人もいます。心が離れてしまうのはしかたのないことですが、パートナーと直接会い、きちんと自分の気持ちを伝えなくては。その真心や、けじめをつける覚悟なくして次のステップに進むことはできないでしょう。けじめとは、単に断ち切ることではありません。誠意を持って後始末をすることなのです。

転職や引っ越しにも同じことが言えます。後のことは知らないと仕事の引き継ぎをしないまま退職したり、汚いままでいいやと部屋を出れば、「因果の法則」により幸せな門出の妨げとなってしまいます。

別れを切り出されるにせよ、切り出すにせよ、一つの区切りを迎えたときに考えるべきことは一つだけです。

立つ鳥跡を濁さず。美しく別れることが幸せを招きます。

76

自分のテンポで生きる

「自分のことが好きになれない」と言う人がいますが、自己嫌悪の裏にあるのは向上心。現状のまま諦めてしまうか、克服しようと考えるかで、人生はまるで違ったものになります。

とはいえ、焦りは禁物。焦りは他者との比較によって生まれるのです。他者を意識して生きるのは、わき見運転をしているようなもの。他者の成功に気をとられて注意散漫になったり、ガツガツと幸せを求めて闇雲にアクセルを踏み込んだりすれば、事故を起こしてしまいかねません。

比べていいのは過去の自分と今の自分だけ。スタートしたときより少しでも進歩しているのなら、そのまま自分のテンポで歩み続ければよいのです。

遠回りをすることでしか見ることのできない景色があります。ゆっくりと走ることでしか発見することのできない近道だってあるのです。

先を急ぐより、自分の心の窓から眺める景色をしっかりと心に刻みましょう。自分らしい人生を楽しみながら生きていれば、感謝の念と共に「大丈夫、何とかなる」という気持ちが湧いてくるはず。そうすれば頑張ることができるのです。

77

雑草のように生き抜く

何かあるとすぐ自分を不幸だと思う人がいます。そうした人は、出来事の受け止め方で自らを不幸にしているのです。

たとえば人に批判されたとしましょう。別に大したことではないと気にも留めない人がいる一方で、やたらと気に病む人がいます。その結果、心が折れてしまうのは、プライドが高いことや、世間知らずであることが要因。心が折れてしまいやすい人は、たましいが温室育ちなのだと言えるでしょう。

価値があるから生きるのではありません。生き抜くことに価値があるのです。

プライドや物質主義的価値観、何に価値がある、ないなど、そのようなことが、私たちの人生での目的ではありません。人生は旅です。たくさんの経験と感動を積み、生き抜くことに価値があるのです。

雑草を見てください。台風にも嵐にもくじけず、ときに踏みつけられることがあっても、自らの生命力でたくましく生きています。

厳しい経験は、たましいを鍛える力を持っています。そうやって免疫力を備えたたましいは、雑草のごとく再び成長を続けることができるのです。

雑草のように生きる。それが一番の幸せです。

78

先人の叡智に触れる

「どう生きればよいのかわからない」と自分を見失ってしまう人の多くが、進化することだけに心をとらわれています。

自分の器以上に、何かを得れば何かを失う。このパワーバランスは絶対の法則。たとえば、私たちは便利さと引き換えにたくさんのものを失いました。メールが普及することによって会話が少なくなってしまった、インスタント食品の普及により健康的な食生活がなおざりになってしまったなど、例を挙げればキリがありません。

このあたりで立ち止まり、地球の自然環境を破壊してまで必要な便利さなのか？　昔の食生活に学ぶことがあるのでは？　と考えなくては、未来は閉ざされてしまいます。

人の心も同じ。スピードを求められる時代ですが、昔の人は「急がば回れ」という言葉を残しています。物質主義的価値観の蔓延《まんえん》する現代では、自分さえよければいいと考えてしまいがちです。

故《ふる》きを温《たず》ねて新しきを知る。なぜ、そういう言葉があるのか、その意味を知ることです。そこには、知恵が隠されています。

先人の叡智に触れることで、新たな発想が降りてくる。ひいては今をどう生きるべきかが見えてくることでしょう。

79

トラウマを克服する

最初から「自分には無理」と決めつけてしまう人がいます。分不相応な夢を抱くのは幼い行為ですが、できるはずのことに挑まないのは残念なこと。自らが「自分はこの程度だ」と思えば、それだけの運命を辿ることしかできません。

トラウマを気にする人は、傷ついた経験があるのと同時に、成果主義が強いと言えるでしょう。常に人生に挑む人は、何の保証もなく根拠のない自信にみなぎっているように見えます。自信がないという人もまた、根拠がない点においては一緒です。

大切なのは成果主義ではなく、自分の人生の充実度を考えること。過去にあるトラウマで傷つき、それが原因となって人生で羽ばたけないのは、とてももったいないことなのです。

上手くいかなかった経験は、人の心に影を落とします。けれど、「次も失敗するに違いない」というのは思い込みにすぎません。むしろトラウマになるほど深く刻まれた失敗体験であるなら、次は上手く運ぶ可能性が高まったととらえるべきなのです。

ただし、そのためには心の傷から目を背けず、じっくりと観察して処方箋をつくり、実践しなければ。自分の心の傷がどの程度のものなのか認識しないから、怖いのです。静観すれば腹が据わるはず。どんなトラウマも必ず克服することができます。

80

慎重に生きる

勇気も勢いもあるのに人生が空回りしてしまうという人は、世の中を甘く見ているのでしょう。油断大敵と言いますが、この世に小手先だけで上手くいく容易な仕事はありません。侮っていい人は一人もいないのです。

「チャンス＝ラッキー」ではありません。チャンス到来とは、ダーツにたとえれば矢を手に入れた状態。矢が的に当たると決まっているわけではありません。むしろ当たらない可能性のほうが高いととらえ、慎重になるべきでしょう。

「浅い川も深く渡れ」ということわざがあります。些細なことであっても重要な決断をするのと同じように慎重でなければ足をすくわれるという意味ですが、常に落とし穴に警戒しながら暮らしていたのでは、行動力にブレーキがかかることになってしまいがち。スピリチュアルな視点では、自分を把握していない人は、浅い川であっても溺れてしまうと解釈します。自分の欠点や弱点を把握してさえいれば、落とし穴にビクビクすることはありません。

つまり慎重さを備えるとは、自分を律して生きるということ。謙虚な心で物事と深く向き合えば、たましいは強い光を放ち、幸運を引き寄せることでしょう。

81

やりたいことを見つける

「何をしたいのかわからない」と言う人がいますが、それは嘘。やりたいことは心の中に埋もれています。真剣に見つけようとしていないだけなのです。もしかしたら周囲の人に理解してもらえないだろうと、無意識のうちに封印しているのかもしれません。

いずれにしても、自分の人生なのだからと考え直してみる必要があります。

たとえば「家業を継いでほしい」などと押しつける親は、「あなたのため」と言いながら、世間体や損得勘定を中心に考える物質主義的価値観の持ち主である可能性が高いでしょう。話し合っても折り合えないなら、無視して先へ進むべきです。親の手前勝手な期待に応えることより、自律心を備えることのほうがずっと大切なのですから。

「三つ子のたましい百まで」と言いますが、子どもの頃に好きだったことや得意だったことの中に自分のやりたいことのヒントがあります。それでは食べていけないというのであれば、給料をもらうための仕事と両立してはどうでしょう。何事もやってみなければわかりません。ただし努力も茨《いばら》の道も必須条件。

悔いのないように生きたいと思うときには、「責任主体で生きる覚悟があるのか?」と天に問われているのです。「はい!」と答えた人から視界が晴れます。

82

念の力を信じる

お金が貯まらないと途方に暮れる人も、仕事が見つからないと嘆く人も、恋人ができないと落胆している人も、念力が足りないのです。

念力などと言えば胡散《うさん》くさく感じる人がいるかもしれませんが、念のパワーを侮ってはいけません。思う念力岩をも通す。幸せな人は決まって念のパワーで招福しています。

「火事場の馬鹿力」も念のパワー。この場合の念とは瞬間的にアドレナリンを高めることですが、私たちはいざというときには、思わぬ力を発揮する無限大のパワーを秘めているのです。

また、「虫の知らせ」とはテレパシーのこと。友人のことを考えていたら、その友人から電話があったといった経験のある人も多いことでしょう。

「噂をすれば影」と言って、悪口を言っていたら当事者が後ろの席にいた、というのもよくある話。平均台で「落ちる落ちる」と思っていたら本当に落ちてしまうなど、よい念だけではなく悪い念も働くということを忘れてはいけないのです。

「最悪だ」「もうダメだ」といった言葉は、負の念力として働き、物事を悪い方向へと誘ってしまいます。清い心で念力を駆使して、幸運を手繰り寄せましょう。

83

成果主義をやめる

「自分は人生の喜びを知らない、わからない」という人は、成果主義に陥っている可能性が極めて高いでしょう。

成績のいい子は立派、子どもをエリートに育てることができればいい親、経済的に余裕のある人は勝ち組……と刷り込まれて育った人は、それが当たり前だと感じていますが、結果を出さなければ意味がないとする成果主義者である限り、人生の喜びを存分に享受することはできません。

人生は、何事も乗り越えていく道程が楽しいのです。たとえば終わってしまった恋愛は、結果だけを見れば負の感情が湧いてきます。けれども一緒に笑った、トキメキを覚えた、すべてが輝いて見えたと経過を見つめれば、「出会えてよかった」と感謝の念が湧いてきます。また、上手くいかないことには必ず大切な示唆があるのです。無駄な経験など何一つありません。

結果ではなく、経過に焦点を当てて生きること。これが人生の喜びを享受するためのポイントです。

物質主義的価値観に塗れた現代人の多くが、いつ幸せが自分のところへ訪れるのだろうと待っていますが、灯台下暗し。幸せはすでに自分の中にあるのです。

84

自分の「お守り」上手になる

「平凡な人生が一番だ」などと思っていると、必ずストレスを募らせることになります。贅沢は望まないという謙虚さの表れであることはわかるのですが、「人生には思いもよらないことがある」という視点に欠けているところが問題なのです。

誰の人生も山あり谷あり。誰もが自身の非凡な人生を潔く受け入れることが賢明なのです。そうでなければ、何か起こるたびに一喜一憂し、自らの感情に振り回され、その結果、ストレスを抱えてしまいます。なぜそうなるかと言えば、自分自身を上手に「お守り」できていないから。

「何か起こって当たり前」と思っていれば、たとえ不幸に思える出来事が起きても「すべてのことに意味があるのだ」と前向きにとらえ、自分の気持ちをコントロールすることができるはず。

「一つの幸せのドアが閉じるとき、もう一つのドアが開く。しかし、よく私たちは閉じたドアばかりに目を奪われて開いたドアに気づかない」。ヘレン・ケラーの言葉です。

大切なことに気づき、自分の心を上手に「お守り」しながら生きる。幸せな人の誰もが習慣にしていることです。

85

腹を括って生きる

迷いは「後悔したくない」という気持ちから生じるものですが、長い間迷い続けている人は、選択したことで背負う罪悪感に苛《さいな》まれるのが怖いのでしょう。

かつての相談者の中にも、両親の介護をするために仕事を辞めるか否か、自分を捨てた親を赦すか否かなど、さまざまな迷いを抱える人がいました。どのケースも深刻な内容ではあるのですが、どんな選択をするにせよ、メリットもあればデメリットもあります。

人生の正解は、あなたの中にあるのです。

救いの道はただ一つ。人にどう思われようとかまわないと覚悟を決め、自分の心に従うこと。できることはできる、できないことはできない。それが現実である以上、選択しなかった「もう一つの人生」については追わないと腹を括るしかないのです。

私は勘当した非行歴のある息子の未来が心配だという方に、「自分自身が本当に真心を込めたことは絶対に宿り、芽が出ると信じることに腹を括るしかありません」とお伝えしました。

腹を括ることのできる人は強いのです。「来るなら来い！」と言い放つくらいの強さを持って運命と対峙すれば、負のエネルギーを一掃することもできるでしょう。

86

ニュースからも学ぶ

マスメディアを通じて報じられる事件について「気の毒だ」と嘆く人は、一見すると善人のようですが、それだけで通り過ぎてしまうのであれば、怠惰で薄情な人だと言えるのです。目に映るものはすべてがメッセージ。自分の映し出しです。

「気の毒だ」と嘆く人は対岸の火事を眺めるような心の立ち位置から事件を見るのではなく、地球上に生きている私たちはみな、たましいの絆で結ばれている広義のソウルメイトだととらえることです。加害者も被害者も分身だと思えば、無関心ではいられないのではないでしょうか。

身近な人には寄り添うけれど、それ以外の人のことは知らないというのは、自分さえよければいいという小我な発想です。

この世に起きる出来事はすべて現代社会の映し出しである、という視点を持つことも大切。いつ自分が加害者になっても、被害者になっても不思議ではないという視点を備え、事件から学ぼうと考えなくてはいけません。

柔軟なたましいと想像力があれば、有名人の離婚騒動や不倫騒動、骨肉の争い、子どもの問題や介護問題などからも学びを得て、自分のフィールドに落とし込むことができるはず。それも一つの経験として活かして生きていくことが望ましいのです。

87

時間厳守で生きる

時間にルーズな人は、「時の殺人犯」だと思います。人の大事な命の時間を無駄にしているのですから。約束の時間に遅れるのは、他者の貴重な時間を無駄にしてしまうこと。「因果の法則」が働くことを忘れてはいけません。

遅刻をすれば謝るところから始めなくてはならず、マイナスからのスタートとなってしまいます。悪気はなかったとしても、時間を守るのは相手を尊重している気持ちの表れなのですから、どんな言い訳も通用しません。交通機関が遅れたというのであれば、経過を報告する義務があります。その義務を怠り、事情の事後報告をするのは自己防衛であり、怠惰なだけ。相手に理解してもらえなくても当然です。

遅刻の常習犯となると、一事が万事ルーズなのだというレッテルを貼られてしまいます。一方、時間を守る人は相手に信頼感を抱かせます。時間厳守は、安定した人間関係を築くための要だと言えるでしょう。時間にゆとりを持って行動すれば、相手に対する気配りや、自分の気持ちを整えるための心の余裕も生まれます。

快適な人間関係は自分でつくるものです。そのポイントは「果たすこと」、そして「正すこと」。

自分に厳しくすることで、人生の限られた時間を有意義に使いましょう。

88

偶然はないと心得る

トラブルに遭遇するたびに「どうして自分が？」と首を傾げる人がいます。—どうして自分がこんな目に遭わなくてはいけないのか」と訴える人もいますが、私はそうした人を見るにつけ、「ずいぶんと惚《とぼ》けた人だな」と思うのです。なぜなら、すべてはその人の放つ波長によって引き寄せるものなのですから。「私は絶対によい種まきしかしていません」と胸を張って言える人がいるでしょうか？

昔の人はトラブルに遭ったとき、自戒の念を込めて「前世で悪いことをしているから」などと言ったものです。

この世に偶然はありません。上手くいかないことには必ず理由があります。だからこそ、常によい種まきを心がけようとしなければならないのです。あらゆる事象を偶然だと軽くとらえることは、たましいの向上の妨げ。一方、あらゆる出来事には意味がある、ととらえることができれば、何事も受け入れる心の準備が備わります。

すべては必然。そこから何を学ぶべきなのだろうと考え、改善すべき点は改善し、心に刻むべきことをしっかりと刻みつけて歩み続けることが大切なのです。

苦難は苦難にあらず。たましいを向上させるために自らが選んだ感動なのだと気づいたとき、本当に揺るがない永遠の幸せに出会えます。

89

正しく誓う

「誓うよりも実践」。そもそも霊界は、誓いに対してこういう考えを持っています。なぜかというと、守れなかった場合にその誓いは嘘になってしまうからです。

「絶対に彼（彼女）から離れない」「絶対に今の会社は辞めない」などと決意表明をする人がいます。あなたの人生において立てた誓いで、貫いていることは幾つあるでしょうか？　最初に誓うことは決して悪いことではありません。けれども、人は誰しも最初に誓いを立てると、大風呂敷を広げてしまうものなのです。

いたずらな誓いによって、自分自身でがんじがらめになっている人もいます。たとえば、神社などへ行って「絶対にAさんと結ばれますように」と祈願し、誓いを立てておきながら、ほかに好きな人ができてしまう場合があります。その後、願解《ほど》きをすることもなく、そのままにしておく人がどれだけいることでしょう。そういう人は、自らの念によってがんじがらめになってしまうのです。可能ならば、その神社へお参りし、お礼を伝えて願解きをすること。行けなければ、心の中で願解きをする。そうした意識を持つことが大切なのです。

安易な神頼みは通用しません。一歩一歩、実践を積み重ねること。行動でしっかりと示すことが大切なのです。

90

人生のカリキュラムを愛する

先天的なものであるにせよ、後天的なものであるにせよ、病を患うというのはつらいものです。それと同様に、人生の不遇もつらいものです。

どんな苦難を抱えている人にも共通して言えるのは、その苦難があるから不幸ではないということ。病気を抱えていても、苦難の意味を理解すれば、幸せを感じることはできます。

病にしても苦難にしても、人生のカリキュラム。スピリチュアリズムの最大の福音と言えるのは、すべての意味を知ることです。

苦労というものは、意味がわからないから苦しむのです。病にも自分自身の成長の意味があります。人生での苦難も同じ。人生には無駄なことも失敗もありません。

病になって初めて、自分自身でそのことに気づく人もたくさんいます。家族のことが見えた、感謝することができた、自分を取り戻すことができた――など。人生の苦難とは、必ず正と負が背中合わせ。マイナスなことだけではないのです。

もしもこの世の中に病がなかったら、優しさというものはなくなります。病である人も尊い社会貢献をしているのです。

91

病からメッセージを得る

病は大切なメッセージです。スピリチュアルな視点で見ると、病は「肉体の病」「運命の病」「宿命の病」の3種類に分類することができます。

「肉体の病」とは、不規則な生活や無理をすることで生じる病のこと。身体を壊して初めて健康のありがたさを感じるということがあります。肉体のSOSですので、休息をとることで快方に向かいます。

「運命の病」とは、「思い癖《ぐせ》の病」とも言える性格から生じる病。人生が上手くいかないのは自分の性格が原因なのではありませんか？　というサインです。

そして「宿命の病」とは、先天的な疾患、事故などで後天的に障害を背負うケースなど、その人の現世でのカリキュラムに関わる病のことを指します。

スピリチュアルな視点から見れば、障害は個性の一つ。宿命の病を抱える人は、現世では不便を強いられますが、一気にたましいを向上させようという高い志を備えて生まれてきました。

「宿命の病」には寿命も含まれます。周囲の人の愛に気づくこと、生まれてきたことに感謝すること、「精一杯に思いを込めて生きよう」と考えること……。大切な学びを得たとき、「宿命の病」をプラスに転じたと言えるのです。

92

今日が最後だと思って生きる

充実した人生を送っている人は「いつ死んでもいい」と言います。もしも死ぬのが怖いなら、今日を大切に生きることです。今日が最後の日だとしたら？　と考えてみてください。放っておけないことがあるのではありませんか？

感謝しているのに「ありがとう」と伝えないままでいる人のことや、悪いことをしたとわかっているのに「ごめんなさい」と言い出せずにいる相手の顔を思い浮かべる人もいるでしょう。

「いつか」「そのうち」という思考は、後に大きな後悔につながります。それは明日もあるに違いないという、傲慢さによる因果だと言えるのです。

私は、人生の終焉《しゅうえん》で「やり残したことが気になる」と言う人をたくさん見てきました。考えてばかりいないで、約束を果たし、するべきことをする。そして自分のやりたいことをやってください。人生のゴールに向かって、有終の美を飾るべく、一日一日、思いを込めて過ごしてください。「今日という日が人生の最後の一日になるかもしれない」と思いながら。

93

たましいは永遠であると理解する

現世は死後も永遠に続く「たましいの旅」における通過地点にすぎません。死は現世という修行の場の卒業。どんな苦しみにも終わりがあるのです。

けれど、生きたように死んでいくというのも真理。家庭を顧みなかった人が家族の愛に包まれて最期を迎えることはないでしょう。死について考えることは、今をどう生きるかについて考えることなのです。

「たましいが永遠であるとは信じられない」と言う人もいますが、死後の世界を意識して生きるのも大切なことだと思います。

世の中において、霊魂の存在を明かすような出来事は枚挙に暇《いとま》がありません。けれども、それを見ようとせず、聞こうとしないことに問題があるのです。

スウェーデンでは、王妃が宮殿に幽霊が出ると語られました。世界各国においても、幽霊が防犯カメラに映るなど、霊魂を証明する事例がたくさんあるのです。

たましいは永遠であると理解することによって、悠然と生きていくことができます。たとえ現世でつらくても、人生は旅だという視点があれば、生きる希望につながるでしょう。

94

最後まで生き抜く

人生において大切なのは、「何をしたか」ではなく「どう生きたか」。その根源にあるのは、与えられた寿命を全うすることです。

自死はたましいの学びを放棄することを意味します。しかし、放棄はできません。それが愛なのです。私たちは絶対に失敗することがなく、必ず何度もやり直すチャンスがあるということ。今の人生を生き抜いたほうがよいのです。

超高齢化社会を迎え、日本でも安楽死を望む人の声を耳にするようになりました。けれど、長生きして家族に迷惑をかけたくないとするのは物質主義的価値観。安楽死を認めてしまえば、寝たきりの人はみんなお荷物だということになってしまいます。

歳を重ねる、病気になる、寝たきりになるなど、誰かに看てもらわなくてはならなくなることは、献体という大役であると私は思います。なぜならば、看ることができて初めて、優しさが生まれるからです。

最近では、ショックが大きいという理由から、子どもを臨終に立ち会わせないという親もいるようです。けれども、死というものが身近にあるからこそ、命を大切にする育みができます。

何事も逃避していたら、その大切な宝に気づくことはできないのです。

95

エンディングノートを書く

エンディングノートを書くのは愛の証です。

エンディングノートは延命治療を望んでいない人がチューブにつながれることを回避できるといった、看取られる側のためだけのものではありません。

看取る側の人たちは「あれでよかったのか」「こうすればよかったのではないか」と、亡くなった後で悔やむものです。可愛い子どもや愛する人にそういう思いをさせたくなければ、エンディングノートを書くことです。その人たちを苦しませず、人生を停滞させずにすむのですから。

もしも子どもや親族がいない人の場合でも、誰かが看取ります。そのときに、どうすればいいのか悩んだ場合にはエンディングノートが役に立つのです。

また、葬儀やお墓についてなど、実務的なことをスムーズに進めるためだけに、エンディングノートが存在するのではありません。生きてきた軌跡を辿り、心に残っていること、伝えておきたいことを残すためにも書くのです。その文面を見た遺族は、共に生きた日々の記憶や愛を胸に、強く生きていこうと思うことでしょう。

エンディングノートは、最後の愛です。自分に向ける愛、他者に向ける愛、その愛の結晶がエンディングノートなのです。

96

死は平等と知る

どんなに苦しんだとしても、永遠に続く苦しみはありません。なぜならば、たましいの故郷への里帰りがあるからです。たましいは永遠であるというスピリチュアリズムの視点から見れば、この現世で短命なのか長寿なのかは、大した問題ではありません。たましいの視点においては、短命は長く生きられないということから、経験と感動が少ないということは言えるでしょう。それでは、長寿が幸せかと言えば、老いることによって、思うように歩けない、動けない、働くこともままならなくなるなど、苦しむこともあります。

旅に、長期の旅行は素晴らしくて短期の旅行は充実していない、ということはありません。人生も同じです。大切なのは、どれだけ込めたかなのです。

どのような苦しみも、そして人生もあっという間の出来事です。霊界は人生を「まばたきのようなもの」と言います。あなたも生まれてから今日まで、あっという間だったでしょう。だから、ぼやぼやしてはいられません。

この旅を、すぐにでも充実させることです。

今まで充実して生きてきた人は継続し、「もったいない生き方をしてきた」という人は、より充実させて生きてください。

97

美しく歳を重ねる

ハリウッドの黄金期に活躍した女優オードリー・ヘップバーンは、後半生の大半をユニセフでの活動に費やしました。若く華やかな女優時代よりも、晩年のほうが輝きを増したと感じるのは私だけではないはずです。

人間の美しさとは心の美しさのこと。「霊的真理を理解すること」とも言い換えることができます。

とはいえ、スピリチュアリズムを日常生活の中で実践するのは容易なことではありません。大我な言動と小我な言動を繰り返しながら生きていくのが普通です。

いずれにしても、最も大切なのは経験と感動だと言えるでしょう。さまざまな苦難を通して人の痛みを知り、二度と過ちを犯さないと誓い、かけがえのないものに気づき、学びを深めていく。そして試練に遭遇したときや迷いが生じたときに実践することができて初めて、スピリチュアリズムを理解したと言えるのです。

でも安心してください。私たちには幸せに生きる権利があります。たましいの存在であることを意識し、責任主体で生きるという覚悟を持ち、運命を自分の力で切り拓いていこうという勇気のある人には幸せが保証されています。

まっすぐな心と輝く笑顔を武器に、幸せ上手な人生を目指しましょう！

98

住まいをパワースポットにする

たましいにとって一番大切な住処《すみか》は肉体。二番目に大切なのが家です。住まいには自分のたましいが表れます。肉体を大切にするように、住まいも大切にしなくてはなりません。

肉体をも癒すのが住まい。住まいは思いのほか、重要なことなのです。現代人は多忙を理由にして住まいがただ眠るだけ、用を足すだけといったふうになりがち。けれども、そうやって軽視していると、自分自身の人生が用足し人生、つまりトイレのような人生になってしまいます。

住まいは、自分を癒し、自分の人生を見つめ、肉体を上手に運転していくパワーの源でなくてはならないのです。船をつくったり、点検や修理を行う施設のことをドックと言うように、住まいは「肉体とたましいのドック」。ですから私は、物質界である現世においては、住まいについて深く追究するのです。

ちゃんと寝てますか？　ちゃんと食べてますか？　ちゃんと癒せてますか？　そこに音霊《おとたま》や言霊というものを使っていますか？

パワースポットに頼るばかりではなく、自分の家をパワースポットにしなければ、人生という長い旅は乗り越えていけません。

99

人生を楽しむ

人生は旅。この世の旅行と一緒で暗い気持ちで不平不満ばかり募らせていたら、つまらないものになってしまいます。大いに旅を喜ばなければいけません。旅行先でのハプニングは思い出。そのときは動揺したりもするけれど、後になれば、それも楽しい思い出になります。

たましいの旅も同じ。人生で起こるハプニングも旅のエピソードとして、たましいに深く刻まれるでしょう。たましいの旅での名所は経験と感動。経験の多い人はそれだけ人生の達人になれます。そして、感動というものは苦難ばかりが感動ではなく、喜ぶことも感動。楽しむことも感動なのです。

だから、大いに喜びましょう。人をも喜ばせるほどに、たくさん喜びましょう。そして存分に楽しみましょう。

喜び、楽しまなければ、せっかく生まれてきた意味がありません。根底では人生を喜び、楽しむということを忘れてはいけないのです。人生の中のすべての出来事が大切な思い出。あなたの永遠の思い出なのですから。

この思い出という宝は、誰からも盗まれることもなければ、奪われることもありません。あなただけの本当の財産なのです。

100

自分自身が
オーラの泉になる

人は「あやかる」ということが好き。特に日本人はご利益が大好きです。そうしたとき、私もいろいろなところで「パワーをください」とよく言われます。けれども、私の心の中私がみなさんの元気の源になるならばそれもよしと思います。けれども、私の心の中には同時に悲しみも湧き出るのです。なぜならば、人から得たものは必ずなくなるからです。私が望むのは、みなさんがいつまでも、自分の中からパワーが湧き出る源泉になってくれること。私だけが特別な存在ではありません。同じ「たましい」であるあなたにもできます。その視点を持てばよいだけなのです。

そして、この「100か条」をしっかりと理解できたら、あなたは自然とオーラの泉になるでしょう。どのようなときでも、感謝の心、喜び、楽しみなど、満ち足りた思いが泉のように湧き出るでしょう。

「パワーをください」と言われる私とて、ずっと平穏に生きてきたわけではありません。さまざまな苦しみや病、人生の苦難を乗り越えてきました。けれども、私は自分の中で、たましいの生まれてきた理由、なぜ生きるのか、そして自分自身は何を望んでいるのかをすべて把握して、大きな視点を持っています。ですから、常に明るく、喜びに満ちた表現ができているのです。あなたにもそれができるのです。

スピリチュアリズム「八つの法則」

「八つの法則」とは、国際スピリチュアリスト連合が定めた七大綱領をもとに、より理解しやすくまとめたものです。

1 スピリットの法則

人はみな霊的存在であることを理解し、生きること。これが「スピリットの法則」です。私たちはそれぞれが課題を持ってこの世に生まれ、たましいを成長させるという学びを得て、霊的世界へ帰ります。そして死を迎えても、霊的世界でたましいとして永遠に生き続けるのです。この法則を理解することで、「死への恐怖」「死別の悲しみ」「人生を不幸ととらえる」という三つの苦しみから救われます。

2 ステージ（階層）の法則

霊的存在である私たちは、死後、現世で培ったたましいの成長のレベルに応じた場所へと向かう。これが「ステージ（階層）の法則」です。霊的世界は、波長の高さによって無数の階層に分かれており、亡くなったときの自らの心境に合った階層に移行します。死後に問われるのは、たましいがどれだけ輝いているかの一点のみ。それを常に意識して生きることが大切なのです。

3 波長の法則

類は友を呼ぶ。これが「波長の法則」。人が心に抱く思いは、想念という霊的なエネルギーを生み出します。この想念による波長の同じ人同士が、お互いを引き寄せ合うのです。長所・短所と同様、人の波長には高い部分も低い部分もあり、よき出会いは波長の高い部分、悪しき出会いは波長の低い部分が引き寄せます。「人間関係が上手くいかない」と思うときは自らの波長を省みることです。

4 因果の法則

自らまいた種は、自らが刈り取らなければならない。これが「因果の法則」です。因果とは読んで字のごとく、原因と結果のこと。今の状況は、すべて自分のあり方（原因）による結果です。ただし、ネガティブな思いや行動によって、ネガティブな結果がもたらされるだけではありません。よき行いにはよき結果が返ってくることも「因果」。すべての行いは自己責任であると気づくことができるのです。

5
守護の法則

寄り添い、見守ってくれる守護霊の意義を知ること。これが「守護の法則」。守護霊の願いは、私たちのたましいを向上させ、輝かせることです。守護霊は役割によって大きく四つに分けられます。生前から死後まであなたを見守り続ける中心的存在の「主護霊」、職業や才能を指導する「指導霊」、10年ほど先までをコーディネートする「支配霊」、これらの守護霊の手伝いをする「補助霊」がいます。

6
グループ・ソウルの法則

私たちは決して一人ではない。誰もが霊的世界というたましいの故郷に「たましいの家族=グループ・ソウル」がある。これが「グループ・ソウルの法則」。コップの水をグループ・ソウルにたとえれば、私たちのたましいは一滴の水。現世でさまざまな経験を積んだたましいは、霊的世界に戻るとコップの中のグループ・ソウルと混じり合います。それぞれの学びがグループ・ソウルの叡智になるのです。

7
運命の法則

運命とは自らが切り拓くもの。これが「運命の法則」です。運命と宿命は違います。生まれた時代や国、家族などは宿命。運命は自分自身の発する言葉や行動で切り拓いていくものです。ケーキにたとえるならば、宿命がスポンジで運命がクリーム。スポンジの特性に合わせて、どんなふうにクリームをデコレーションするのかはあなた次第。つまり、自分の努力で人生を輝かせることができるのです。

8
幸福の法則

これまでに挙げた七つの法則は相互に作用しながら働いている。すべての法則を実践すれば、「本当の幸せ」を得ることができる。これが「幸福の法則」。「本当の幸せ」とはたましいを向上させる、霊的視点での「幸せ」。人類が幸せにならないのは、差別、争い、奪い合いなど、物質主義的価値観があるから。私たちの幸せはたましいの幸せだと知り、利他愛で人類の幸せのために実践することなのです。

成就

江原啓之　Hiroyuki Ehara

スピリチュアリスト、オペラ歌手。一般財団法人日本スピリチュアリズム協会代表理事。『幸運を引きよせる　スピリチュアル・ブック』（三笠書房）、『幸せに生きるひとりの法則』（幻冬舎）、『自分の家をパワースポットに変える最強のルール46』（小学館）、『言霊（ことたま）のゆくえ』『スピリチュアル・パーゲイション』（共に徳間書店）、『たましいの履歴書』『たましいの地図』（共に中央公論新社）、『星月神示』（マガジンハウス）など著書多数。

公式サイト
http://www.ehara-hiroyuki.com/
携帯サイト
http://ehara.tv/
日本スピリチュアリズム協会図書館（携帯文庫）
http://eharabook.com/

※現在、個人カウンセリングおよびお手紙やお電話でのご相談はお受けしておりません。
本書は書き下ろし作品です。

幸せになる100か条

第1刷――2017年4月30日
第3刷――2017年5月25日

著　者――江原　啓之

発行者――平野　健一
発行所――株式会社徳間書店
東京都港区芝大門2-2-1　郵便番号105-8055
電話　編集(03)5403-4379　販売(048)451-5960
振替 00140-0-44392
印刷・製本――図書印刷株式会社

ISBN978-4-19-864385-0